Creciendo con Trastorno de Déficit Atencional con Hiperactividad / Impulsividad

Sonia Salas B. PhD. / Nicole Pastén G. / Mag. Angelo Araya P.

COLECCIÓN **MONOGRAFÍAS Y TEXTOS ACADÉMICOS**
Dirección de Investigación y Desarrollo ULS

EDITORIAL
UNIVERSIDAD
DE LA SERENA

El contenido de este libro ha sido sometido a referato externo.

CRECIENDO CON TRASTORNO DE DÉFICIT ATENCIONAL
CON HIPERACTIVIDAD / IMPULSIVIDAD
Sonia Salas B. / Nicole Pastén G. / Angelo Araya P.

COLECCIÓN **MONOGRAFÍAS Y TEXTOS ACADÉMICOS**
Dirección de Investigación y Desarrollo ULS

Primera edición: Marzo 2021
ISBN 978-956-6071-16-7

Benavente 950 - Fono (51) 2204368 - La Serena
Contacto: editorial@userena.cl
Visite: www.editorial.userena.cl

Impreso en Imprenta Maval, Chile.

ÍNDICE

1. Presentación

Desde los años en que Javier cursaba la enseñanza básica, comenzó a nacer en mi inquietud y motivación por lograr entender de mejor forma -no solo a mi propio hijo- sino también a otros niños que pudieran estar en situación parecida: niños que tendían a salirse de las normas, que mostraban una gran energía motora, que se mostraban distraídos, pero que a la vez presentaban una serie de habilidades y destrezas; no obstante, no lograban -por una razón u otra- adaptarse al sistema escolar. Comencé a notar, más adelante, que Javier parecía frustrado, poco entendido y muchas veces evidenció no sentirse incorporado en las actividades que debía realizar con sus pares. Frente a la frustración que percibí en él durante sus años en el sistema escolar, comencé a informarme sobre el tema y busqué estrategias y formas que me permitieran ayudarlo; debo confesar que la tarea se convirtió en un proceso complejo. Observé, por ejemplo, que las dificultades que surgían en el hogar (producto de demandas y cumplimiento de rutinas), no generaban un trasfondo de conflictos tan significativo como al interior del sistema educacional. Los establecimientos educacionales se caracterizan por un conjunto de normas, estructuras, rutinas y estrategias de enseñanza. En este contexto, estos niños como Javier, comienzan a destacarse por romper las dinámicas establecidas, realizar las actividades a su modo y lograr sus objetivos de forma distinta a sus pares.

Los comportamientos y conductas diferentes al promedio observado en este tipo de niños/as, se traducen en una reacción de alarma en el contexto escolar y es frecuente que comiencen a aparecer una serie demandas, exigencias y sugerencias desde el sistema escolar, convertidas en verbalizaciones como: "su hijo es distinto", "su hija no hace caso", "no se queda quieto como sus compañeros" o "creo que su hijo necesita ayuda". Frente a esta situación, la familia -y en especial los padres- se preguntan que puede haber originado el problema y cual debiera ser la manera más efectiva de revertir la situación.

Debido a esta experiencia con mi hijo, comencé a acercarme y a profundizar en el tema como profesional de la psicología con el fin de lograr entender y comprender porque niños como Javier transitaban con altibajos en hogares y escuelas. Donde a pesar de estar motivados, no lograban "hacer amigos", donde no se les escogía para actividades escolares de importancia y sí tenían una gran capacidad de concentración en aquellas actividades que le interesaban. Comencé a atender en la consulta a niños y sus padres, tratando de perfilar los diagnósticos que se usaban en esa época, tales como: daño cerebral mínimo, disfunción cerebral mínima y/o hiperkinesia. Los padres, al igual que todos, trataban de entender por qué las horas de la mañana y noche se transformaban en batallas por cumplir los horarios de salida, de comida y de sueño. A veces acudían a mí y señalaban "no sé si el tratamiento está dando efecto, pero quiero agradecerle pues al menos terminamos de comer juntos en la mesa". Lo cual se suponía que debía considerarlo un halago.

Con el correr del tiempo, en conjunto con los coautores de este libro, nos hemos esforzado por tratar de precisar el diagnóstico y tratamiento más efectivo de esta condición que hoy se llama **Trastorno de Déficit Atencional con Hiperactividad/ Impulsividad**. Utilizamos pruebas y estrategias variadas sin que ninguna de ellas por sí solas proporcionara un diagnóstico que nos dejara satisfechos. Hoy día, luego de un largo camino recorrido, nos hemos dado cuenta de que debemos partir valorando los recursos que poseen estos niños, es decir, debemos trabajar desde aquellas habilidades que tienen, desde lo que les atrae y complementarlo con un fortalecimiento de lo que requieren y necesitan. Por lo tanto, la aproximación a ellos debe ser continua y personalizada, ya que cada niño/niña tiene características y habilidades propias y debemos trabajar con ellas, no con aquellas que se consideran "no tienen" o "no presentan". Así, si algunos niños nos dicen que sienten que tienen *un motor dentro de sí*, tenemos que estudiar cómo es ese motor y como controlarlo. Si, por otra parte, otros chicos dicen que no logran *planificar lo que deben hacer*, habrá entonces que trabajar con ellos y promover estrategias que le faciliten desarrollar aquellas habilidades.

Como se mencionó anteriormente, ha sido un largo proceso de acompañamiento a este grupo de niños y niñas, en que se destacan las demandas y solicitudes del sistema escolar. Por lo tanto, los ejercicios de intervención que se presentarán en la segunda parte del texto no debieran transformarse en una sobrecarga para los niños y su familia.

El presente texto se compone de dos partes: la primera, entrega información acerca de las características del Trastorno de Déficit Atencional con Hiperactividad/ Impulsividad (TDAH) y cuáles son las estrategias de diagnóstico y tratamiento más utilizadas hoy día. La segunda parte presenta un conjunto de ejercicios destinado a servir como guía para estimular las funciones que pudieran presentar dificultades al niño o niña con TDAH. Hacemos presente que los ejercicios tienen diferentes niveles de dificultad en función de la edad y funcionamiento de cada niño/a.

Este libro se propone, junto con ayudar a ampliar lo que se conoce acerca del TDAH, servir a un proceso de apoyo contención y guía, a fin de contribuir al desarrollo de habilidades en una atmósfera que sea lo más grata posible para el niño, la familia y la escuela. Asimismo, se hace hincapié en potenciar los recursos, capacidades y destrezas que se destacan en ese niño o niña. Si nuestro hijo o hija es hábil en construir una pirámide rápidamente con cualquier material simple que se dispone, pero deja todos sus utensilios en el suelo del comedor de la casa, recomendamos proponer una actividad entretenida para ambos, madre y niño/a a fin de promover su creatividad en conjunto con el orden. Para ello proponemos, por ejemplo, crear y pintar cajas divertidas para el material que usa en sus creaciones diarias y luego establecer una carrera de quien ordena más rápido. Así, el proceso se transforma en un acompañamiento paso a paso, a fin de que logren más adelante desarrollar sus actividades de forma autónoma, sin la ayuda nuestra.

El documento que se entrega nace a partir de las vivencias personales de una madre que responde a experiencias intuitivas y trata de buscar formas de ayuda para su hijo. Luego se construye desde la experiencia como profesional del área, acompañando a familias con niños y niñas con TDAH en un esfuerzo por acercarse a comprender las características y habilidades de este grupo. Esperamos que madres, padres y profesores/as logren resolver dudas acerca del TDAH y a la vez puedan encontrar estrategias que contribuyan al bienestar de este grupo de niños y niñas, durante su desarrollo y proceso educativo.

Dra. Sonia Salas Bravo, PhD.

2. Introducción al TDAH

2.1 ¿DE QUÉ SE TRATA ESTO DEL TDAH?

Dudas y preocupaciones nos surgen como madres o padres cuando somos llamados por la educadora de párvulos o por el profesor del curso y nos dicen que nuestro hijo/a necesita ser evaluado, pues al parecer presenta una condición llamada "Trastorno de Déficit Atencional con Hiperactividad/Impulsividad (TDAH)". Nos preguntamos ¿de qué se trata esto de TDAH? ¿Cómo se maneja la situación? ¿Dónde lo debo llevar para que lo evalúen? En muchos casos el niño/a es derivado al consultorio correspondiente y desde este momento la madre (generalmente) debe comenzar una serie de recorridos para lograr que su hijo/a sea evaluado para luego seguir una serie de recomendaciones de tratamiento.

La primera pregunta (¿de qué se trata el TDAH?) nos lleva a dar una mirada al pasado, recordando cuales eran las características de nuestro hijo/a antes de ingresar al sistema de enseñanza. Como padres tendíamos a estar orgullosos de como nuestro hijo/a era capaz de mostrar una energía sin límites, caminando sin rumbo aparente todo el día, corriendo o desplazándose (cada vez más rápido) en su primer vehículo (triciclo, autito, entre otros). También nos recordamos como nos ingeniábamos para distraerlo, cuando se resistía a dejar un objeto "quebrable", dándole otro objeto o mostrándole algo que desviara su interés. De la misma manera, las pataletas que presentaba cuando el objeto que había agarrado en el supermercado debía ser devuelto al llegar a las cajas, se resolvía tomándolo en brazos o bien pasándole algunos de los productos que habíamos comprado.

El ingreso a los sistemas de educación (jardín infantil o escuela) supone cambios, es necesario comenzar a seguir lo que se llaman "rutinas" y estas deben ser seguidas no solo por el niño/a sino por todo el grupo. Así, hay un momento para cantar, jugar, lavarse los dientes, comer y compartir. Es aquí donde comienzan a observarse las diferencias entre los niños, unos son más lentos en seguir instrucciones, otros parecieran tener un motor dentro del cuerpo y no se detienen ante las demandas de la Educadora de Párvulos. Es en estos momentos, en que aquellos niños/as que se apartan (desvían) en forma marcada (notoria) del promedio, alertan a la educadora, quien, luego de evaluar la persistencia de comportamientos que alteran el normal desarrollo de su programa, solicitan que el niño/a sea evaluado por un especialista. Una situación semejante suele ocurrir durante los primeros años de enseñanza básica. Aquellos alumnos que no se ajustan a las demandas del sistema escolar por comportamientos de desatención, impulsividad- hiperactividad u otros signos, son derivados a fin de que se les practique una evaluación diagnóstica.

2.2 UN POCO DE HISTORIA

El Trastorno de Déficit Atencional con Hiperactividad/Impulsividad no es un concepto nuevo. La idea que habría un grupo de niños y adultos que muestran exceso de actividad, impulsividad y/o dificultades con la atención, se remontan al pasado. La primera descripción del trastorno data de fines del 1700, donde en un texto de medicina su autor Weikart describe adultos y niños desatentos, impulsivos, distraídos. A su vez, a mediados de 1800 Hoffman publicó un libro de cuentos que describía dos niños: uno impulsivo ("Felipe el Nervioso") y otro desatento ("Juan Cabeza en el Aire").

A comienzos del siglo XX (1902) hay referencias de un médico (George Still) que se destacó a través de una serie de conferencias donde se refería a 20 niños atendidos en su consulta y a quienes señaló que tenían un "déficit en la inhibición de la voluntad". Por otra parte, el término "daño cerebral mínimo" se habría posicionado luego de ocurrida la epidemia de encefalitis (1917) en que los niños sobrevivientes presentaban comportamientos de tipo hiperactivo e impulsivo (Marsh & Barkley, 2014). El término anterior fue continuado con el concepto de "disfunción cerebral mínima" atendiendo a que no se habría logrado constatar una lesión cerebral puntual.

Se debe señalar que ya alrededor del año 1950, se habría comenzado a administrar medicamentos estimulantes (anfetaminas) a estos niños/as, con resultados positivos, favoreciendo con ello la idea de un origen orgánico del trastorno. En este mismo periodo surgieron los conceptos de "síndrome del niño hiperactivo y "trastorno del impulso hiperquinético".

Con el correr del tiempo, se derivó el foco del trastorno hacia las dificultades de la atención y control de los impulsos junto a la hiperactividad. El nombre oficial del trastorno de déficit atencional (TDA) surgió con la publicación del Manual Diagnóstico y Estadístico de los Trastornos Mentales-III (DSM-III) que distinguió dos tipos de TDAH: con y sin hiperactividad. En la actualidad, la última versión del Manual de Clasificación Diagnóstica (DSM 5) considera una sola denominación "Trastorno de Déficit Atencional con Hiperactividad/Impulsividad" que describe los criterios diagnósticos para "patrones persistentes de inatención y/o hiperactividad-impulsividad".

La última década se ha caracterizado por una gran cantidad de esfuerzo desplegado en investigaciones que se han focalizado en el área de la atención y donde se ha mostrado la importancia de la memoria de trabajo y procesamiento del tiempo, conceptos que se conocen como "funciones ejecutivas" y que estarían orientadas a la planificación y conducta dirigida a lograr una meta. Asimismo, en el último tiempo, el área de la genética molecular y neuroimagen habría sido profusamente focalizada en investigaciones asociadas al TDAH (Nigg & Barkley, 2014).

2.3 SISTEMAS DE CLASIFICACIÓN Y EVALUACIÓN DIAGNÓSTICA DEL TDAH

En la actualidad, se utilizan dos sistemas de clasificación para determinar la presencia o no del TDAH: la primera se conoce con el nombre de Manual Diagnóstico y Estadístico de los Trastornos Mentales y se encuentra en su quinta versión (DSM 5, del año 2013); el segundo sistema corresponde a la Clasificación Internacional de Enfermedades (CIE-10). Para los efectos de este texto, usaremos los criterios aportados por el DSM 5.

La evaluación diagnóstica no es un proceso simple. El niño o niña que ha sido derivado para una evaluación debe cumplir una serie de criterios antes de llegar a concluir que -en verdad- él o ella presenta "un Trastorno de Déficit Atencional con Hiperactividad/ Impulsividad".

En este contexto invitamos al lector a leer con atención los criterios que describen los síntomas de inatención, hiperactividad e impulsividad.

El primer criterio tiene que ver con el número de síntomas observados; para ello el *Manual de Diagnóstico Estadístico* (DSM 5: American Psychiatric Association, 2013) describe un conjunto de signos, síntomas que se asocian a los procesos de atención, hiperactividad e impulsividad. La descripción de síntomas que a continuación se presentan permitirá conocer las características asociadas a cada condición, de acuerdo a lo descrito por el DSM 5.

INATENCIÓN: se caracteriza por la discapacidad del niño o niña para mantener la atención, permanecer en actividades diversas, recordar reglas o instrucciones, siendo incapaz de resistir distracciones mientras realiza una tarea.

Se presenta a continuación la lista con 9 comportamientos que el Manual Diagnóstico DSM 5, describe para el área de inatención. De esos 9 ítems el niño o niña debe presentar 6 o más síntomas -durante al menos 6 meses- con un nivel de intensidad que no se ajusta al nivel de desarrollo esperado.

Con frecuencia se observa:

a) .... Falla en prestar atención a detalles o comete errores por descuido en tareas escolares, trabajo u otras actividades

b) .... Dificultad para mantener atención en tareas o actividades recreativas

c) .... Parece no escuchar cuando se le habla directamente

d) .... No sigue instrucciones en tareas escolares ni las termina

e) .... Tiene dificultades para organizar tareas y/o actividades

f) .... Evita o se desgasta o no tiene entusiasmo en comenzar tareas que demandan esfuerzo mental sostenido

g) .... Pierde cosas necesarias para la realización de tareas o actividades

h) .... Se distrae con facilidad por estímulos externos

i) .... Olvida actividades cotidianas

HIPERACTIVIDAD/ IMPULSIVIDAD: Se caracteriza por niveles excesivos de actividad que se expresan en distintas situaciones (hogar, escuela), unido a una actuación de tipo impulsiva (interrumpen actividades de los demás sin esperar turno).

Del total de 9 comportamientos que se describen de acuerdo con el DSM 5, el niño/niña debiera presentar 6 o más síntomas los que se han mantenido al menos 6 meses con un grado (intensidad) que no se corresponde con su nivel de desarrollo.

Con frecuencia:

a) .... Juguetea o golpea las manos o pies o se retuerce en su asiento

b) .... Se levanta de su asiento en situaciones que se espera permanezca sentado

c) .... Corretea o trepa en situaciones en las que no resulta apropiado

d) .... Es incapaz de jugar o de incorporarse tranquilamente a actividades recreativas

e) .... Está "ocupado" actuando como "si lo impulsara un motor"

f) .... Habla excesivamente

g) .... Responde antes que se haya terminado una pregunta (termina la frase de otro)

h) .... Le es difícil esperar su turno

i) .... Con frecuencia interrumpe o se inmiscuye con otros

Numero de síntomas de Inatención ....

Número de síntomas de Hiperactividad/Impulsividad ....

Una vez que haya leído la lista de síntomas, le invitamos a que los repase de nuevo con atención y marque si su hijo o hija presenta algunos de los comportamientos que se describen. Si concluye que presenta 6 o más síntomas del área de inatención o 6 o más del área de Hiperactividad/Impulsividad, existirían razones para pensar en un posible diagnóstico de déficit atencional con hiperactividad/impulsividad.

El segundo criterio diagnóstico se refiere a precisar la edad de aparición de los síntomas. Para los efectos de realizar el diagnóstico de TDAH, los síntomas deberían estar presentes antes de los 12 años. Debemos señalar que un/una joven puede ser evaluado también después de los 12 años, sin embargo, algunos síntomas de desatención, hiperactividad y/o impulsividad debieran estar presentes antes de los 12 años.

El tercer criterio se refiere a que los síntomas debieran presentarse en dos o más contextos o situaciones (casa, escuela, otras actividades, por ejemplo, relaciones con amigos). Debemos señalar que el criterio se refiere a que es importante observar los comportamientos en distintas situaciones, sin que sea necesario que los síntomas se den en forma severa en todos los ambientes.

El cuarto criterio de diagnóstico requiere evidencia de que a raíz de los síntomas existe interferencia o disminución de la calidad del funcionamiento del niño/a a nivel académico, social u ocupacional. Por ejemplo, si el niño/a posee una capacidad intelectual normal, pero saca notas bajas a raíz de que pierde los cuadernos, no completa las tareas, no lleva el material necesario a clases, y/o en su casa se encierra en su pieza por la rabia que le da las constantes reprimendas de su madre porque no obedece, no hace las tareas programadas y parece no escuchar, en estas condiciones, podemos concluir que los síntomas están entorpeciendo su desempeño a nivel de escuela y hogar.

El último criterio y no menos importante, está referido a que debemos asegurarnos de que los síntomas que el niño/a presenta no están siendo causados por un trastorno físico u otro trastorno mental. La experiencia señala la conveniencia de realizar un examen físico general, ya que pudiera haber interferencias en la salud, que estuviesen afectando la atención. Una serie de alteraciones tales como anemia, diabetes, alteraciones del sueño y otras situaciones asociadas a antecedentes del niño, pudiera distorsionar el diagnóstico.

3. Epidemiología

3.1 PREVALENCIA

En el área de la salud, el término prevalencia se refiere a la proporción de personas en un grupo respectivo que presenta una característica en un periodo determinado.

El TDAH es el trastorno más común en la infancia, afectando entre 3% y 5% de los niños, como a su vez, al 2% a 5% de los adultos (American Psychiatric Association, 2013). Se ha constatado que la prevalencia en torno al TDAH es oscilante; algunos autores concluyen que la tasa de prevalencia del TDAH varía entre un 3% a un 7,5% en edad escolar (American Psychiatric Association, 2013). Por otro parte, se menciona que el TDAH es el trastorno psiquiátrico más diagnosticado, afectando cerca del 3% a 5% de niños a nivel mundial (Frank-Briggs, 2011). Cabe destacar que, al parecer, no solo se evidencia variabilidad en la estimación del trastorno, sino también habría un aumento en la tasa de prevalencia a medida que pasa el tiempo. En un meta-análisis (análisis de un conjunto de investigaciones) se señala que el porcentaje de niños con diagnóstico de TDAH aumentó de 7.8% a 9.5% desde el 2003 al 2007, un incremento del 21,8% (Polanczyk et al., 2014)

No se habría logrado especificar a la fecha, las causas precisas de la variabilidad en la prevalencia del TDAH. La evidencia sugiere que puede estar relacionada a una combinación de factores, tales como mayor conciencia del trastorno, aumento de vulnerabilidades biológicas y factores sociológicos (Prevatt & Levrini, 2015). Por otro lado, se observa relación entre la implementación de leyes y políticas públicas en el contexto educativo y el aumento de la prevalencia del TDAH (Hinshaw y Scheffler, 2014). Los autores citados señalan que es conveniente para el sistema educativo el diagnóstico de TDAH, ya que promueve beneficios para el alumnado. Por otro lado, se ha observado que la variabilidad de la prevalencia se debería a las diferencias en las características de los métodos utilizados en los estudios, las variaciones en los criterios diagnósticos utilizados, así como las diferencias de evaluación entre padres, profesores y profesionales (Skounti, Philalithis & Galanakis, 2007).

Respecto a la prevalencia del TDAH en Chile, se reporta un 10% entre niños de 4 a 18 años (De la Barra et al., 2011). Por otra parte, el Ministerio de Salud señala una prevalencia del 15,1% en niños, niñas y adolescentes hasta los 18 años. En un estudio, en el cual evaluaron apoderados y profesores, concluyeron que la prevalencia oscilaba entre un 2% a un 15% dependiendo del informante (Urzúa et al., 2009). La prevalencia estimada, según la evaluación realizada por los apoderados, fue cercana a un 6%, a diferencia de la evaluación realizada por profesores, que alcanzó un 14,9%. La diferencia apuntaría a un mayor grado de estrictez por parte del sistema educativo al evaluar el trastorno.

3.2 SEXO

Analicemos el TDAH asociado a las diferencias de acuerdo con el sexo. Si nos imaginamos a niños y niñas en una sala de clase y nos hacemos la pregunta ¿cómo son las niñas como estudiantes? Inmediatamente viene a nosotros la idea del orden, de su estuche con todos sus materiales, cuadernos más pulcros y sentadas esperando las instrucciones. Ahora, ¿el TDAH afecta en forma distinta a niños y niñas?

De acuerdo con la información que se dispone, existiría un mayor número de diagnóstico de TDAH en niños que en niñas (Polanczyk et al., 2007), llegándose a observar que por cada 2 niños diagnosticados con TDAH habría solo 1 niña diagnosticada con el trastorno. Sin embargo, también se ha señalado que estas diferencias podrían deberse a que los estudios realizados han usado muestras clínicas y no muestras de la población general, lo cual provocaría lo que se llama *sesgo* o error en la medición. Otro hecho interesante, es que un mayor número de niños que niñas, es referido en busca de diagnóstico y tratamiento, debido quizás al hecho que los niños presentan conductas más conflictivas y tienden a ser también más activos comparados con las niñas.

Por otra parte, en relación con la severidad de los síntomas, se sugiere que estos serían parecidos en niños y niñas. Una investigación reciente (Mowlem et al., 2019) que utilizó la información de 19.804 gemelos (niños y niñas) llegó a concluir que la severidad de los síntomas aumentaba la probabilidad de recibir diagnóstico en ambos sexos. En términos de los efectos observados, tanto niños como niñas presentaban dificultades en el rendimiento escolar y en las relaciones con sus pares (compañeros, amigos). Si es importante destacar que las niñas, especialmente aquellas con TDAH estilo inatento, tendían a mostrar junto con las dificultades escolares y de relación interpersonal, dificultades asociadas a trastornos alimentarios, ansiedad y depresión; en tanto los varones mostrarían alteraciones de tipo conductual.

3.3 EDAD

¿Un preescolar puede tener TDAH? Resulta difícil distinguir síntomas de TDAH antes de los 4 años debido a que los comportamientos normales de los niños/as hasta esa edad se caracterizan por presentar alta actividad motora e impulsividad. Sin embargo, los testimonios de los padres han permitido describir algunos precursores del trastorno a edad temprana. Así los niños/as preescolares descritos con niveles de actividad excesivos, "temperamentales", con dificultades en el sueño e irritabilidad generalizada, tendrían una mayor probabilidad de presentar el trastorno (Whilmshurst, 2015).

A partir de los 6 años en adelante, momento en que los niños/as ingresan a la escuela, los síntomas de TDAH se hacen más visibles y comienzan a aparecer dificultades principalmente en la realización de tareas y en las relaciones sociales. El mayor o menor grado de dificultad que se observa en estas edades, depende de la intensidad (fuerza) y persistencia de los síntomas. El estilo de trabajo que tienen los niños/as con TDAH les hace cometer errores de precisión, como por ejemplo, se apresuran en terminar un trabajo sin fijarse en las instrucciones. Por otra parte, a nivel personal, suelen presentar dificultades para superar la frustración, cuando las cosas no resultan como ellos/ellas quisieran.

Se estima que la mitad de los niños con diagnóstico de TDAH en la edad escolar continúan presentando el trastorno en la adolescencia. Los síntomas más característicos de hiperactividad/impulsividad tienden a ser más sutiles, expresándose a través de reacciones de impaciencia e inquietud. Tareas y deberes escolares ante los cuales los jóvenes no están en condiciones de planificar y llegar a la meta final (qué hacer primero y cómo hacerlo al tener 5 tareas para el día siguiente) suelen provocar las reacciones de frustración e inquietud que antes describíamos.

En otro ámbito, se calcula que un porcentaje de los adolescentes con TDAH llegarán a la adultez con el trastorno, calculándose la prevalencia en cerca del 2.5% (APA, 2013). Los adultos con TDAH suelen ser muy conversadores, ocasionalmente impulsivos, un poco distraídos y activos, lo que puede provocar dificultades a nivel laboral, familiar y de pareja.

En síntesis, respecto a la edad, el TDAH se podría y debería evaluar principalmente en los años de enseñanza básica. Lo anterior, coincide con el cambio de estructura y enseñanza que experimentan los niños y niñas al graduarse del kínder e ingresar a primer año básico. Es ahí donde se comienza a percibir cambios en el aspecto académico y normativo del sistema educacional, apareciendo con ello, evidente desatención, el cuál es considerado como primer indicador de la presencia del TDAH.

3.4 ETNICIDAD

El TDAH tiene una tasa de prevalencia mundial uniforme en las sociedades industrializadas. La tasa de prevalencia alcanza un rango desde 1.7% a 10% en Canadá, Alemania, Holanda, Nueva Zelanda, Noruega, Puerto Rico y Reino Unido (Faraone et al., 2003). Aún existen dudas si el TDAH se presenta y mantiene la misma prevalencia en todas las culturas y nacionalidades. Considerando el aumento de la inmigración en los últimos años, resulta de interés mencionar el trabajo realizado en Finlandia (Lehti et al., 2016) quienes estudiaron un grupo (cohorte) de niños nacidos entre 1991 y 2005 y diagnosticados el 2011. Los resultados señalaron que los hijos de padres inmigrantes eran diagnosticados con TDAH con más frecuencia que el resto de la población. La probabilidad de recibir un diagnóstico era mayor cuando ambos padres eran inmigrantes, pero también (aunque en menor grado) se observó mayor cantidad de diagnóstico de TDAH en familias monoparentales (padre o madre).

4. Causas del TDAH

Al TDAH se lo considera como un trastorno "complejo". Con esto queremos decir que el origen puede deberse a muchas causas, algunas de las cuales aún no se encuentran totalmente comprobadas. En este sentido, parece importante revisar cuales son aquellas posibles causas del trastorno que han sido descritas hasta el presente, a fin de tener una mayor claridad en torno al diagnóstico y poder seleccionar estrategias apropiadas de intervención.

Dos grandes categorías (factores) de causas posibles del trastorno se han descrito; cada una de ellas incluye a su vez un conjunto de sub categorías o sub condiciones o sub jerarquías: factores psico neurobiológicos y factores ambientales. Además, hay una tercera opción, que considera como causa una relación (interacción) entre ambos factores

4.1 FACTORES NEUROBIOLÓGICOS

El aporte genético del TDAH. Los estudios realizados con familias, gemelos y niños/ñas adoptados/das sugieren de forma persistente que los genes y, por tanto, la herencia juegan un rol importante en el origen del trastorno. En este sentido, Nigg & Barkley (2014) señalan que la *heredabilidad* del TDAH podría alcanzar hasta un 70%. Es importante hacer notar que la información genética de cualquier organismo es codificada a través del DNA (ácido desoxirribonucleico) usando para trasmitir información unidades que se conocen con el nombre de bases. Se considera en la actualidad que el TDAH es una condición donde intervienen varios genes (multigenética), por lo tanto, son necesarias varias alteraciones simultáneas en el DNA para que se exprese el trastorno (fenotipo). Un reciente estudio (Demontis et al., 2019) en que se analizó el DNA completo (genoma) de más de 50.000 individuos encontró 12 regiones del genoma con pequeñas alteraciones llamadas SNP, que darían origen a TDAH.

La contribución neurológica. El uso de una serie de instrumentos de neuroimagen (Scanner, Resonancia Magnética) ha permitido identificar diferencias significativas en el cerebro de los niños/as con TDAH, entre las que se mencionan un menor tamaño y/o volumen de ciertas estructuras (partes) cerebrales comparados con los cerebros de niños/as sin TDAH. Las diferencias al parecer estarían presentes desde la infancia y no podría explicarse por los tratamientos recibidos. También se ha observado que hay regiones (zonas) y circuitos cerebrales que estarían funcionando de manera diferente en los niños con TDAH.

¿Por qué es importante conocer estos hallazgos?

Porque las áreas cerebrales que mostrarían un rendimiento diferente (a veces más lento) son las que apoyan un conjunto de funciones que se relacionan con la atención-concentración, la toma de decisiones, así como el control emocional y, son precisamente, las que dificultan la adaptación de los niños con TDAH al sistema escolar y social.

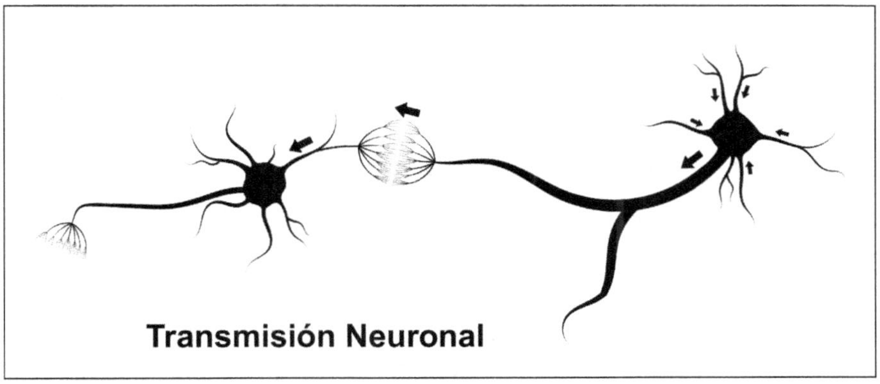

Dibujo: Andres Bodini S.

A través de la tecnología que permite "ver" el funcionamiento cerebral se ha podido conocer que la comunicación entre las células nerviosas cerebrales se realiza a través de la segregación de ciertos productos químicos. A fin de lograr que un mensaje sea enviado y recibido por otra célula, se segrega el producto químico (neurotransmisor) que inunda el espacio conocido como sinapsis activando la siguiente célula nerviosa. En el caso de los niños con TDAH se ha señalado que el sistema que controla o regula el funcionamiento del trasmisor (producto químico) conocido como "dopamina" presentaría alteraciones.

Mirando nuestro dibujo, el sistema que se encargaría de la reabsorción de la dopamina una vez que se ha producido la trasmisión de una célula a otra, se apreciaría elevado en un 70% comparado con los niños/as que no presentan TDAH, lo cual traería como efecto dificultades en una serie de funciones como la atención y concentración, planificación y regulación de la conducta. Estos hallazgos han podido ser confirmados por la reacción o respuesta positiva a los medicamentos estimulantes que se recetan en forma frecuente a los niños con TDAH. En este sentido, la mayor parte de los estimulantes recetados una vez diagnosticado un niño con TDAH actúan, alteran, modifican, cambiarían la disponibilidad del neurotransmisor dopamina en el área de transmisión (sinapsis) (Daly, Hildebrand & Brown, 2016).

4.2 APORTE COGNITIVO Y FUNCIONES EJECUTIVAS

Se ha señalado que como resultado de las diferencias observadas en el tamaño, volumen y funcionamiento de ciertas zonas del cerebro se producirían una serie de efectos (signos, síntomas) en aquellos niños/as con diagnóstico de TDAH, los que a su vez le provocarían dificultades para adaptarse en la escuela y en el comportamiento social. A la fecha, se ha descrito un conjunto de funciones, las cuales se les conoce con el nombre de Funciones Ejecutivas. Esto se refiere a un conjunto de habilidades mentales (cognitivas) que permiten la solución de problemas y conductas dirigidas hacia una meta: la concentración, memoria de trabajo, vigilancia-atención, capacidad de planificación, inhibición de conducta (detención), motivación y control emocional son algunos ejemplos de funciones ejecutivas.

El desarrollo de las Funciones Ejecutivas se relaciona con la maduración del cerebro especialmente de la zona frontal y prefrontal (Naglieri y Goldstein, 2012). Por ejemplo, la capacidad para regular la atención comienza a desarrollarse alrededor del año de edad y continúa madurando durante los años preescolares. Para entender mejor de que se trata lo de las funciones ejecutivas, tomemos un ejemplo cualquiera: la profesora al comenzar la clase de un segundo año básico dice a sus alumnos "*copien el listado de palabras que escribí en la pizarra*", el alumno debería en primer lugar mirar la pizarra, preparar el material con el que trabajará (cuaderno y lápiz), además concentrarse para no distraerse con lo que pasa a su alrededor y estar "interesado" (motivado) en lograr terminar la tarea. Todas las actividades del ejemplo anterior serían responsabilidad de las funciones ejecutivas.

Por otra parte, en relación con el control emocional, se ha visto que los niños/as con TDAH reaccionan en forma desmedida cuando las cosas no le parecen que están bien. En el caso de estar un/a niño/a (sin TDAH) sentado/a en su banco y el compañero le bota el lápiz y la goma al suelo (sin intención de hacerlo), el control emocional permite regular las emociones y mantener la calma ante un problema pequeño, en tanto un niño/a con TDAH dado/da su impulsividad le dará un codazo al compañero generando conflicto. Por otra parte, las funciones ejecutivas ayudan a planificar las actividades: cuando comenzar, como organizar el trabajo y también permiten reflexionar acerca de cómo "estoy haciendo el trabajo".

El conjunto de funciones ejecutivas que hemos venido nombrando han mostrado diferencias entre los niños con y sin TDAH. Barkley (1997) destaca que habría dos procesos que estarían funcionando en forma diferente en los niños con y sin TDAH: la inhibición de respuesta (restringir la acción mirando la meta y la autoconciencia (atención dirigida hacia sí mismo). En años recientes Nigg & Barkley (2014) ha desarrollado una teoría comprensiva sobre el trastorno asignando importancia a los procesos de autorregulación a través de inhibir (detener) una conducta.

4.3 APORTES AMBIENTALES AL TDAH

Existe consenso en que un porcentaje importante del diagnóstico de TDAH es atribuido a factores genéticos como se ha señalado. Sin embargo, no se puede desconocer la existencia de un conjunto de factores ambientales que tendría gran influencia en la aparición del trastorno. En primer lugar, se encuentran los factores que se relacionan con riesgos a nivel prenatal (durante el embarazo), perinatal (alrededor del nacimiento) y posnatales (después del nacimiento). Así, el consumo de alcohol, tabaco, drogas ilícitas, infecciones virales y estrés de la madre durante el embarazo configurarían factores prenatales que estarían asociados con la presencia o desarrollo de TDAH. Así también, los nacimientos en forma prematura (menos de 36-38 semanas) unido a bajo peso al nacer (factores perinatales), provocarían también un aumento de riesgo de presentación del trastorno. Luego de nacer o con posterioridad al nacimiento, se describen hechos como traumas (golpes y caídas severas) que afectarían al cerebro en desarrollo. También se señalan como factores de riesgo las infecciones virales como la rubeola, paperas (parotiditis) y varicela. Durante los primeros años de vida se deben mencionar también como factor de riesgo la presencia exposición y/o absorción de algunas toxinas ambientales tales como pesticidas y/o plomo (Daly, Hildenbrand & Brown, 2016).

4.4 LA NUTRICIÓN ¿PUEDE AFECTAR LA PRESENCIA DE TDAH?

Se ha comprobado que la falta de algunos nutrientes puede contribuir a alguno de los problemas que se manifiestan en los niños/as con TDAH (Monastra, 2014). Hoy en día se sabe que debemos iniciar el día comiendo proteínas (presentes en carnes, huevos y lácteos) ya que estos alimentos se absorben en el cuerpo y nos permiten focalizar nuestra atención, concentrarnos en mejor forma y solucionar problemas. Al mismo tiempo al ingerir minerales (fierro, calcio, magnesio y zinc) se facilita nuestra capacidad de atención y concentración; el mineral de fierro que ayuda a la transmisión de oxígeno al cerebro, lo encontramos en alimentos como alcachofas, espinacas, berenjenas y lentejas. El zinc es un mineral que ayuda la trasmisión neuronal y se encuentra presente en cereales, aves y algunos mariscos. Plátanos y nueces son ejemplos de alimentos que contienen mayores concentraciones de magnesio y que a su vez también ayuda a la trasmisión neuronal y el metabolismo. Por último, sabemos que el calcio (presente en leche, queso y yogurt) es necesario para tener un sistema óseo firme, ayudando también a la trasmisión neuronal (Monastra, 2014).

Todas estas razones nos hacen pensar en la necesidad de revisar la dieta desde el inicio del día, comenzando por el desayuno. Se recomienda tener tiempo suficiente (nunca es suficiente) para que el niño/a coma alguna fruta, un lácteo y algún tipo de carne (mortadela, jamón).

4.5 CUANDO LA GENÉTICA Y EL AMBIENTE SE COMBINAN

Nigg & Barkley (2014) señalan que el TDAH podría explicarse considerando el aporte genético como una condición de susceptibilidad (preparación del organismo), en tanto los factores ambientales activarían esa condición a través de cambios en el cerebro y su funcionamiento como también en la expresión genética. Llegan incluso a plantear que así algunos niños serian "inmunes" a los riesgos ambientales en tanto otros niños serían susceptibles a desarrollar TDAH ante riesgos ambientales. A modo de ejemplo, un niño que tiene las condiciones genéticas para desarrollar el trastorno es expuesto a condiciones ambientales adversas (nutrición, estrés, NSE bajo, exposición a pesticidas durante el embarazo de la madre, etc.) es probable que el TDAH se exprese dada la interacción entre ambos componentes, herencia-ambiente.

5. Diagnóstico

La solicitud de diagnóstico del trastorno de déficit atencional se produce por una variedad de razones: exceso de actividad, descenso en el rendimiento escolar, conducta inapropiada en distintos contextos (hogar, escuela), dificultad para prestar atención o alteraciones significativas del comportamiento, entre otras. En términos generales, es la educadora de párvulos o el/la profesor/a quienes recomiendan evaluar a un niño o niña de quien se sospecha podría presentar un TDAH. Sin embargo, debemos hacer notar que la solicitud de evaluación de un niño/a también puede ocurrir a pedido de los padres, cuidadores o del médico que atiende y controla al niño/a en forma regular (control de salud).

La edad en que se solicita una evaluación diagnóstica puede variar. Aunque es difícil diagnosticar el trastorno antes de los 3 años, algunos padres señalan y describen rasgos (a través de entrevistas) que podrían predecir el TDAH, específicamente, rasgos asociados a exceso de hiperactividad y/o impulsividad (Wilmshurt, 2015). Durante la pequeña infancia, algunos de los rasgos precursores de TDAH se refieren a conductas tales como dificultad para dormir, irritabilidad, estallidos temperamentales (pataletas de rabia) y/o excesiva actividad (Wilmshurt, 2015). A nivel preescolar, los padres o educadora de párvulos pueden describir comportamientos asociados a escasa tolerancia ante la frustración, exceso nivel de demandas y generación de problemas en especial cuando se encuentran realizando actividades grupales o en el patio del jardín infantil alternando con sus compañeros.

Durante el periodo de la niñez (6 a 12 años) la escuela focaliza su currículum en logros académicos y en un adecuado funcionamiento a nivel social esperado para la edad; por ejemplo, que el escolar sea capaz de estar sentado por un periodo prolongado y que esté en condiciones de trabajar en forma independiente. Así, resulta frecuente observar niños/as referidos para una evaluación diagnóstica de TDAH en los primeros años de enseñanza básica, dado que presentarían un conjunto de características diferentes al promedio de los niños. Algunos profesores describen a estos niños como si "vivieran con un motor prendido", "sin parar de hablar moverse e interrumpir en clases", "pareciera como si no tuvieran capacidad para detenerse" (inhibir sus conductas). Esta situación constituye o se transforma en un gran desafío para el/

la profesor/a quien debe responder a diario a una carga de trabajo permanente. También es común observar la presencia de niños/as que no poseen las características anteriores actuando en forma opuesta y destacándose por su tranquilidad; estos niños y niñas rara vez participan en clases a menos que se les haga preguntas directamente; la jornada escolar transcurre y ellos sentados en sus lugares "como si estuvieran soñando despiertos", su mirada se dirige de preferencia hacia los ventanales. En estas condiciones, es razonable esperar que su rendimiento académico puede presentar dificultades.

Se calcula que un número importante de escolares con TDAH continuará presentado características del trastorno durante la adolescencia. Durante este importante periodo de desarrollo, el adolescente suele presentar dificultades a nivel académico como resultado de sus escasos "hábitos de estudio" y falta de organización, lo cual repercute en el logro de las metas que la vida escolar familiar y social le demanda. (Wilmshurt, 2015). Asimismo, suelen observarse manifestaciones conductuales que hacen difícil la interacción con sus pares, en ciertas ocasiones, su exceso de impulsividad puede ocasionar problemas al no respetar las normas que la sociedad ha desarrollado. En esta edad también puede observarse consumo de sustancias las cuales pueden llegan a obstaculizar su rendimiento.

Independiente de la edad en que se solicita la evaluación del posible trastorno de déficit atencional, el actual Manual de Diagnóstico (DSM 5) presenta un conjunto de criterios que deben cumplirse a fin de emitir el diagnóstico de TDAH. Asimismo, existen muchas posibilidades que pueden explicar los problemas académicos y de comportamiento del niño/a. Dada esta situación el proceso de evaluación a realizar por el clínico, constituye un desafío importante ya que deberá diferenciar entre una serie de trastornos con síntomas parecidos. En esta situación se mencionan los trastornos del aprendizaje, las alteraciones cognitivas y de conducta disruptiva (perturbadora) y, por supuesto, el trastorno de déficit atencional. Al mismo tiempo no debemos olvidar que el TDAH se puede presentar en forma combinada con otros trastornos lo que se conoce con el nombre de "comorbilidad". Por ejemplo, el TDAH se puede dar en forma conjunta con un trastorno del aprendizaje.

5.1 Procedimiento de evaluación del TDAH

Al realizar una evaluación diagnóstica debemos asegurarnos de que esta sea lo más completa posible; de ahí que se recomienda contar con la información de padres, profesores, médicos, incluso del mismo niño/a, así como también observar el comportamiento del escolar en diferentes situaciones (escuela, hogar, situación de interacción social, etc.).

Los especialistas en el tema, entre los que se destacan Daly, Hildenbrand & Brown (2016), recomiendan evaluar a través de métodos variados, los que se describen a continuación: **1) se debe reunir y contar con información** lo más completa posible que proporcione una historia del desarrollo del niño/a, focalizada en los antecedentes de desarrollo y comportamiento; aquí se destaca los antecedentes médicos desde el inicio del embarazo; **2) entrevista clínica** con el niño/a y en lo posible con el profesor a cargo del niño/a; **3) aplicación de escalas de evaluación**, las cuales deben ser respondidas en lo posible por múltiples informantes (madre, padres, profesor), a fin de proporcionar una perspectiva lo más amplia posible de todos los comportamientos que pudieran estar asociados con el TDAH. Resulta llamativo, pero se ha visto que los padres responden en forma diferente a las madres al evaluar los comportamientos del hijo/a. Las madres proporcionan un mayor número de conductas sintomáticas del niño/a; 4) por último, es conveniente evaluar la **presencia de otros diagnósticos** que pudieran existir en conjunto o en forma separada con el TDAH.

Los autores ya mencionados recomiendan además otros procedimientos (que hay que reconocer consumen mucho tiempo). Uno de los métodos consiste en observar en forma sistemática la conducta del niño durante la clase. Uno de los autores del presente texto entrenó a una tesista de la carrera de psicología, a fin de que observara, premunida de una pauta desarrollada con anterioridad, el comportamiento de preescolares (nivel transición) de quienes se sospechaba presentaban síntomas característicos de un trastorno de déficit atencional. La observación permitió confirmar la sospecha de TDAH en algunos preescolares, descartando a otros que presentaban otros índices alterados. La técnica descrita presenta la ventaja de realizar la evaluación en un ambiente natural, evitando lo artificial que puede resultar una evaluación en la oficina del especialista. Algunos clínicos recomiendan incluso efectuar exámenes físicos, de audición y visión en conjunto con una evaluación de tipo intelectual.

Hay que decir que la administración y aplicación de estas pruebas sirven para descartar que la causa del posible TDAH tenga otro origen (por ejemplo, de tipo orgánico). A su vez, la evaluación del nivel intelectual puede apoyar o descartar el posible diagnóstico, proporcionando información sobre algunas funciones (por ejemplo, ejecutivas) donde se observan dificultades y donde también se destacan aquellas destrezas cuyo funcionamiento se encuentra bien desarrollado.

No es la intención de los autores abrumar a los padres, señalándoles que deben realizar un sinfín de exámenes antes de asegurar el diagnóstico, pero creemos que constituye un deber el destacar que a veces se realiza un diagnóstico de déficit atencional falso, debido a la existencia de otras alteraciones.Por ejemplo, la disminución de la capacidad visual o auditiva o bien algunos trastornos hormonales (diabetes infantil) pueden producir síntomas semejantes al observado en el TDAH.

5.2 Información a través de historia del desarrollo

Se recomienda obtener información a través de una entrevista con la persona que se encuentra a cargo de la crianza del niño/a. Como sugerencia se aconseja lograr información sobre:

- Historia pre y post natal (durante el embarazo, nacimiento y luego del nacimiento
- Antecedentes del desarrollo (edad que se sentó, caminó, habló)
- Historia médica (accidentes y enfermedades)
- Antecedentes familiares
- Funcionamiento escolar (desde el inicio de la escolaridad)
- Dificultades con relación al comportamiento
- Relaciones sociales

Se recomienda guardar registro (anotar) de cualquier otra área que surja durante la entrevista (antecedentes familiares u otros hechos que el mismo niño/a pueda proporcionar). La información surgida a partir de la entrevista debe contrastarse (compararse) con las normas (características) de comportamiento esperado para el nivel de edad que presenta el niño/a.

5.3 Entrevista Clínica

La entrevista que comúnmente es realizada por un especialista es considerada como un elemento esencial en el diagnóstico del TDAH. A partir de los datos que surjan de ésta se podrá determinar el nivel de trastorno presente junto a la existencia de recursos que el niño y el ambiente que le rodea poseen. Por ejemplo, un niño con exceso de actividad presenta niveles de resistencia por sobre lo normal, lo cual puede muy bien ser aprovechado para mejorar otras áreas. Asimismo, el análisis de la información obtenida puede ser muy útil al planificar las recomendaciones para un posible tratamiento. La entrevista comienza una vez que se tiene información necesaria relacionada con:

- Nombre del consultante
- Fecha de nacimiento
- Nombre de quien proporciona la información
- Relación con el niño (padre, madre, abuela)

Se inicia la entrevista preguntando las razones por las cuales se consulta. Aquí es frecuente que el informante (madre o cuidador/a del niño/a) se refiera (cuente) acerca de una serie de razones que pueden afectar tanto el rendimiento escolar o bien pueden interferir (producir problema) en las relaciones con los demás y/o en la comunicación, pudiendo también presentarse otras dificultades (el niño o niña está ansioso/a o con un estado de ánimo decaído). En segundo lugar, a través de la entrevista clínica se evalúa si hay presencia de los criterios que proporciona el Manual de Diagnóstico (DSM 5) donde se precisa la existencia de problemas de atención, hiperactividad y/o impulsividad. No debe olvidarse precisar la edad de aparición del posible trastorno, la frecuencia intensidad, persistencia de los síntomas y si estos se presentan en diferentes situaciones (hogar, escuela, etc.).

A continuación, la entrevista debe averiguar la presencia de dificultades del comportamiento como oposicionismo desafiante (se enfrentan a los adultos en forma persistente), conductas inapropiadas para la edad, alteraciones del estado de ánimo (acelerado, deprimido, ansioso), dificultades relacionadas con el aprendizaje escolar, así como existencia de dificultades con el lenguaje (tartamudez, dificultad para pronunciar ciertos sonidos) y/o coordinación motora (torpeza notoria con los movimientos). A continuación, se sugiere hacer preguntas relacionadas con la salud de la madre del niño/a durante el embarazo (enfermedades, medicamentos). En relación con el nacimiento se pide información lo más detallada posible acerca de las condiciones del parto, incluyendo conocer la edad de la madre al momento del parto. Se debe averiguar antecedentes de la historia médica a lo largo del desarrollo del niño/a, incluyendo si ha sido evaluado o no, hábitos alimenticios, ejercicio y hábitos de sueño. La historia educacional debiera ser lo más completa posible, incluyendo si hubo o no cambios de establecimiento escolar (es frecuente observar que los niños con potencial TDAH tienen historial de cambio de colegio) y dificultades que pueden haberse presentado a lo largo del desarrollo escolar. Finalmente, se debe recoger información sobre la historia de la familia (composición, con quien vive el niño/a, etc.).

La complejidad de evaluación que el TDAH presenta, unido al escaso acuerdo sobre los niveles de frecuencia (prevalencia), junto al hecho que el trastorno puede presentarse en forma combinada (conjunta) con otros trastornos, habría motivado la producción (desarrollo, generación) de una serie de instrumentos de diagnóstico y evaluación que permitieran la evaluación más precisa y objetiva del trastorno. *Las escalas*, que son ejemplos de dicho desarrollo, constituyen instrumentos importantes en la evaluación del TDAH, ya que pueden llegar a identificar una serie de conductas y comportamientos, proporcionando puntajes que se han construido sobre la base de normas (métodos estadísticos). Si bien las escalas por sí solas no son suficientes para dar el diagnóstico, resultan convenientes en términos de la facilidad de aplicación.

Considerando que la evaluación del TDAH debe considerar situaciones (contextos) diferentes (casa, escuela), resulta natural observar la aparición de escalas para ser aplicadas por padres, profesores, incluso por el mismo escolar. Tenemos que hacer notar que la última versión del Manual de Diagnóstico (DSM 5) recomienda que el propio niño se evalúe a partir de los 12 años. Existen también escalas que proporcionan formas paralelas (dos versiones) las que pueden aplicarse para evaluar (entre otras ventajas) el progreso del tratamiento. En la revisión de las diferentes escalas ofrecidas en el mercado especializado se destacan: la escala evaluativa de Conners para padres, profesores y adolescentes (Conners, 1998); la escala evaluativa de Brown (Brown, 2001) con características parecidas, incluyendo además un formato para administrar a adultos y la escala de evaluación de rendimiento académico de Barkley (Barkley, 2006). Un instrumento de evaluación interesante es la escala (versión abreviada) SNAP IV (Swanson, 1992) diseñada para ser respondida por padres y profesores; la escala se compone de 26 ítems para niños/as entre 6 y 18 años, donde el padre/madre o profesor debe marcar la columna que mejor describe al niño/a (nada-nunca; un poco; bastante; mucho-siempre). Para una mejor comprensión presentamos algunos ejemplos de la escala:

- Habla en forma excesiva
- A menudo mueve los pies o manos o bien se retuerce en el asiento estando sentado
- A menudo discute con los adultos
- A menudo parece no escuchar cuando se le habla en forma directa

De acuerdo con el puntaje obtenido por el niño/a los comportamientos (síntomas) observados pueden considerarse:

- Síntomas no significativos cínicamente (puntajes bajos)
- Síntomas leves
- Síntomas moderados
- Síntomas severos

A través de los diferentes ítems, la escala SNAP-IV se orienta a evaluar (pesquisar) características de atención, hiperactividad y trastorno de oposicionismo desafiante. La presente escala es un recurso gratuito que puede encontrarse en la dirección siguiente:

http://www.forabrighterfuture.com/pdf/SNAP-IVTeacherParentRatingScale.pdf

En el último tiempo han surgido, además de las escalas señaladas, instrumentos enfocados a medir las Funciones Ejecutivas, las cuales han sido descritas en el presente texto con anterioridad y que, como ya se explicó, se refiere a un conjunto de procesos mentales (cognitivos) necesarios para memorizar, atender, razonar y planificar a fin de lograr una meta (por ejemplo, una tarea escolar).

5.4 ¿Por qué instrumentos de Funciones Ejecutivas?

Se ha constatado que los niños y jóvenes que tienen TDAH presentan dificultades relacionadas con las funciones ejecutivas teniendo como efecto una serie de dificultades a nivel cognitivo, emocional y social. Algunos autores como Gaitan-Chipatecua y Rey-Anacona (2013) encontraron diferencias significativas en atención visual y auditiva (reconocimiento de letras, dibujos, números), fluidez verbal fonémica (descripción de animales), flexibilidad cognitiva (organización en grupo de figuras), planificación (diseño con mínimo de movimientos) al comparar escolares con y sin TDAH. Por otra parte, McQuade et al., (2013) consideran que las funciones ejecutivas y, en particular la memoria de trabajo, es muy importante para el área social ya que al presentarse dificultades en procesar la información les es difícil a este grupo de niños resolver conflictos, produciéndose rechazo de sus compañeros y escasa capacidad para socializar.

Algunos ejemplos de los instrumentos focalizados en las Funciones Ejecutivas son la escala cuestionario de Brown (2001) que proporciona un formulario para padres y profesores. El cuestionario cuenta con una hoja adicional para que se evalúe el progreso escolar (desde los 8 años). Además, este instrumento puede proporcionar el diagnóstico integrando la información a partir de la historia clínica. También se menciona el Inventario Vocacional Conductual de Funciones Ejecutivas- BRIEF (Goia et al, 2000).

Por último, queremos destacar el Inventario Comprensivo de Funciones Ejecutivas- CEFI de Naglieri y Goldstein (2014). Se trata de una escala para medir 9 funciones ejecutivas (a través de sus 100 ítems), pudiendo administrarse a niños y jóvenes entre 5 y 18 años. El inventario incluye 3 formas de aplicación (padres, profesores y auto evaluación). El instrumento proporciona además del rendimiento global de Funciones Ejecutivas, un desglose de las 9 funciones por separado, proporcionando la posibilidad de evaluar las fortalezas y debilidades en las diferentes áreas medidas.

Presentamos a continuación algunos ítems del **Inventario Comprensivo de Funciones Ejecutivas-CEFI:**

El Inventario presenta instrucciones donde se pide que se lean los enunciados que continúan la frase: "En las últimas 4 semanas ¿con qué frecuencia el niño o niña?":

- ¿Pensó antes de actuar?
- ¿Controló las emociones en situaciones de estrés?
- ¿Pareció desorganizado?
- ¿Necesitó ayuda para comenzar una tarea?
- ¿Se enojó cuando hubo cambio de planes?

El padre/madre o profesor/a debe marcar 1 de 6 alternativas que van desde la opción "Nunca" hasta "Siempre".

5.5 ¿Cuál es el aporte de la tecnología en la evaluación del TDAH?

En las últimas dos décadas se ha despertado mucho interés por desarrollar pruebas computarizadas que se puedan utilizar como instrumentos de evaluación del TDAH, como también evaluar otros trastornos del neuro-desarrollo. Las pruebas computarizadas tendrían una serie de ventajas: por una parte, son más objetivas en el proceso de evaluación (cosa que no sucede con las escalas que descansan en la opinión de quien responde), son económicas, de aplicación fácil y permite aplicarlas en ambiente diferentes. Estos instrumentos, asimismo, permiten la comparación al momento de realizar investigaciones. Por último, las pruebas computarizadas proporcionan una descripción detallada del funcionamiento del niño/a, lo cual favorece el proceso de diagnóstico y tratamiento.

Entre las pruebas de rendimiento continúo computarizadas que se utilizan con mayor frecuencia destacan el Test de Variables de Atención- TOVA (Greenberg & Waldman, 1993) y el Test de Rendimiento Continuo de Conners- CPT (Conners, 2000).

5.5.1 ¿De qué tratan las Pruebas Computarizadas para evaluar el TDAH?

Estas pruebas, en general, contemplan la presentación de una serie de estímulos (dibujos, letras, números) los cuales se exhiben durante un periodo de tiempo determinado; así, las instrucciones señalan al niño/niña que debe apretar el espaciador del computador cuando aparecen ciertos símbolos y no tocar el espaciador ante otros símbolos.

Dibujo: René Araya R.

A partir de los resultados que se obtienen, se puede señalar si el niño/a se ajusta o no a un perfil clínico de TDAH. Se debe señalar que el resultado de estas pruebas debe compararse con la información proporcionada por las entrevistas realizadas y también con los resultados de otras escalas y exámenes que se le hayan practicado al niño.

Sobre la base de la información recolectada el especialista debe decidir si existe evidencia consistente para llegar a diagnosticar la presencia del trastorno de déficit atencional con hiperactividad- impulsividad. Pudiera ocurrir que los análisis lleguen a determinar que el niño/a se encuentre en la zona límite del trastorno; a pesar de no encajar propiamente con el perfil de TDAH, los síntomas que presenta afectan y afectaran el funcionamiento académico y social, por lo cual se recomienda pensar en una posible intervención a fin de lograr nivelar las dificultades que el niño/niña presenta.

Finalmente, debemos hacer presente que la meta o fin de un proceso de evaluación es poder llegar a un diagnóstico que recomiende actividades en adelante; por tanto, debemos tener claro que el proceso de evaluación no solo determinará cuales son las áreas que le generan dificultades en la adaptación académica y social al estudiante, sino también es importante focalizarnos y trabajar con los recursos y destrezas que el niño/a presenta.

6. Tratamiento

A través de las páginas anteriores hemos podido acercarnos a la comprensión del trastorno de déficit atencional con hiperactividad-impulsividad. Así hemos entendido que se trata de un trastorno complejo que se expresa de formas diferentes (en algunos niños y niñas) y donde el foco es la dificultad para atender, en tanto, otros se caracterizan por presentar hiperactividad, pudiendo también mostrar impulsividad. En esta condición, cuando un niño/a es evaluado y diagnosticado con el trastorno, sus padres y/o cuidadores deben considerar la opción de un tratamiento.

¿Qué esperan los padres de un tratamiento para el Trastorno del Déficit Atencional de sus hijos?

Básicamente, y en primer término, los padres esperan que disminuyan los síntomas más notorios del trastorno que presentan sus hijos (atención, hiperactividad, impulsividad). Por otra parte, esperan que estos niños mejoren su rendimiento académico en la escuela. Por último, quisieran una mejor adaptación a nivel social. Si se les pregunta que se se proyecten a largo plazo que les gustaría de estos hijos, responden en general que quisieran que los niños crecieran y alcanzaran la adultez en la mejor forma.

Métodos de tratamiento

Antes de describirlos, debemos señalar que para muchos especialistas el Trastorno de Déficit Atencional con Hiperactividad es una condición crónica donde un porcentaje significativo próximo al 50% continúa con el trastorno hasta la adolescencia (Wolraich et al., 2011), pudiendo llegar a la adultez con algunos de los síntomas observados en la niñez. De ahí que sea necesario que los padres o cuidadores del niño o niña sepan que algunos síntomas del TDAH seguirán acompañando al niño/a a lo largo de su desarrollo, siendo probable que necesite apoyo en forma sostenida. También resulta importante que los padres y/o cuidadores sepan que una intervención lo más temprana posible es fundamental para disminuir en ese niño o niña los efectos del trastorno a corto, mediano o largo plazo.

Los tratamientos para el TDAH recomendados con más frecuencia son: Tratamiento Psicofarmacológico, Terapias incluyendo Intervenciones Psico Educativas y Métodos de Tratamientos combinados.

6.1 TRATAMIENTO PSICOFARMACOLÓGICO

El tratamiento más generalizado ante un diagnóstico de déficit atencional en niños de edad escolar son los llamados *psicofármacos estimulantes*, observándose un aumento en las últimas décadas en el uso de estos medicamentos en adolescentes (Zuveka & Vitiello, 2012). El nombre de psicofármacos se refiere a que son medicamentos que actúan en el sistema nervioso provocando entre otros, un aumento del nivel de alerta. En otras palabras, los medicamentos para el TDAH ayudan a aumentar la actividad del cerebro a través de la estimulación de las células nerviosas que conducen la información, bloqueando (cerrando) la acción de otras células para que las sustancias químicas necesarias para atender y controlar impulsos no se reabsorban.

Se debe destacar que en los últimos años la prescripción de psicofármacos para el TDAH ha aumentado a nivel mundial en forma alarmante.

6.1.1 ¿Deberé darle o no medicamentos del tipo psicofármacos a mi hijo?

Esta es una pregunta que es frecuente observarla en muchas madres y padres al recibir un diagnóstico de TDAH y encontrarse con una receta en las manos. Darle o no medicamentos a los niños luego del diagnóstico de TDAH resulta ser un tema que ha provocado diversas opiniones entre los especialistas, haciendo notar sin embargo que son los padres y/o cuidadores que en último término van a tomar la última decisión.

Hay en la actualidad un grupo de profesionales y especialistas que recomiendan abiertamente los medicamentos para TDAH diciendo que se logra con ello la mejoría de una serie de destrezas y habilidades y que resultan, por otra parte, ser inofensivos. Los defensores de la terapia con medicamentos del tipo psicofármacos señalan, que hay estudios que refuerzan la idea que los medicamentos aumentan los niveles de atención, disminuyendo los síntomas de hiperactividad-impulsividad (Monastra, 2014), favoreciendo la obtención de mejores rendimientos a nivel académico (escolar). Por otra parte, quienes se oponen a administrar medicamentos del tipo psicofármacos insisten en destacar la idea que estos medicamentos pueden provocar serios efectos considerando que el cerebro de los escolares se encuentra en un proceso de desarrollo. Sostienen además que la extensión del uso de medicamentos (hoy día el diagnóstico e TDAH puede realizarse hasta los 12 años) solo vendría a favorecer a las compañías farmacéuticas favoreciendo que los niños se transformen en una especie de "zombies" (Monastra, 2014).

Desde la perspectiva de los autores, así como también desde la opinión de especialistas (Monastra, 2014) no se debiera rechazar totalmente ninguna de las opiniones descritas. El éxito del tratamiento dependerá de que se haya realizado una evaluación integral (desde todas las perspectivas: hogar, escuela, ambiente social, etc.) y cuidadosa, administrándose medicamentos cuidando que la dosis propuesta sea lo más ajustada posible a las condiciones del niño o niña.

6.1.2. ¿De qué medicamentos estamos hablando?

Existen dos tipos de psicofármacos estimulantes que han sido aprobados para el tratamiento del déficit atencional: medicamentos conocidos como metilfenidatos y fármacos que tienen como base anfetaminas y dextroanfetaminas (Daly, Hildenbrand & Brown, 2016). Ambos medicamentos se elaboran pudiendo producir efectos leves, moderados y extendidos.

6.1.3 ¿Qué son y cómo actúan los medicamentos para el TDAH?

Los medicamentos derivados del metilfenidato como los basados en anfetaminas se venden con nombres diferentes (Adderall, Adderall RX, Dexedrina, Concerta, Ritalin, Ritalin La y SR). En términos sencillos los medicamentos como el Ritalin y el Concerta (en términos simples) mantienen más tiempo una cantidad de sustancias (neurotransmisores) para que se comuniquen las células nerviosas especializadas, logrando un mayor grado de atención, concentración, planificación, control de los movimientos y de la conducta (Daly, Hildenbrand & Brown, 2016).

6.1.4 ¿Cómo lo hace?

A través del bloqueo que se encarga de capturar un neurotrasmisor (sustancia química) conocido como dopamina. A su vez el medicamento conocido como Adderall actúa a través de una doble acción: bloquea el sistema que recaptura la dopamina y además aumenta la segregación de dopamina desde las células cerebrales.

6.1.5 ¿Cuáles son las dosis recomendadas y por qué?

Para describir las características de los psicofármacos recomendados para el tratamiento del TDAH hemos seguido los lineamientos descritos por Daly, Hildenbrand & Brown, (2016) porque consideramos que estos conocimientos son de importancia por quienes deben administrar los medicamentos (madres en general y a veces profesores). Los medicamentos basados en el metilfenidato (ej. Ritalin) y que tienen una acción breve, comienzan en general a hacer efecto entre 15 y 30 minutos luego de ser ingerido, observándose sus beneficios a los 30 a 60 minutos. Por otra parte, su acción alcanza una duración entre 2 a 4 horas. Se recomienda dar 2 dosis del medicamento al día (mañana y tarde) aunque dependiendo de las necesidades del niño-niña se podría administrarse una tercera dosis. Se puede comenzar con dosis de 5 miligramos e ir aumentando a 10 y 20 miligramos; si bien la dosis recomendada oscila entre 20 y 30 mg diarios puede llegarse hasta 60 mg por día en el caso de adolescentes. Hay que señalar sí que hay casos de dosis menores (20 mg) que producen efectos parecidos. Finalmente, la fórmula de acción prolongada (Concerta) tiene un efecto de duración que oscila entre 8 y 12 horas. Concerta es un ejemplo de metilfenidato de duración prolongada y se encuentra en formulas disponibles de 18, 27, 36 y 54 mg; la capsula en si misma tiene la ventaja de tener un dispositivo que permite segregar el medicamento progresivamente durante el día (Daly, Hildenbrand & Brown, 2016).

Medicamentos basados en dextroanfetaminas:

Existen fórmulas de acción breve (Dexedrina) que se presentan en tabletas de 5 y 10 miligramos con dosis de 1 a 3 tabletas recomendadas por dosis cada 4 o 5 horas. A su vez la fórmula de la Dexedrina expansiva (5, 10 y15 mg) posee un efecto que dura aproximadamente entre 6 a 8 horas demorando alrededor de una hora en hacer efecto. Otras variaciones de dextroanfetamina considera el medicamento conocido como Aderal cuyo efecto dura aproximadamente 6 horas y que debe ser ingerido una o dos veces al día. El medicamento Aderal posee el doble de potencia, es decir 5 miligramos del psicofármaco tiene el mismo efecto que 10 mg de Ritalin. La fórmula del Aderall de larga duración a su vez tiene un efecto aproximado de 12 horas.

En el caso que el niño/niña tuviera dificultad para ingerir cápsulas han surgido otras alternativas como el parche de metilfenidato, conocido con el nombre de Daytrana, el cual se coloca a la altura de la cadera pudiendo ser utilizado hasta 9 horas diarias. Otra alternativa es el Focalin, un estimulante que se vende en forma de cápsulas que pueden abrirse y disolverse distribuyéndose en la comida (Daly, Hildenbrand & Brown, 2016)

Como veíamos anteriormente, una vez emitido el diagnóstico y recetado un determinado medicamento, los padres se enfrentan al dilema de darle el medicamento a sus hijos sin que se le produzcan otros efectos de tipo negativo. Luego de muchas horas de conversación con padres, que se han encontrado en situaciones parecidas, especialistas que han dado su opinión al respecto y conociendo algunas características de cómo actúa el medicamento, podemos concluir como bien lo señala Monastra (2014) en su texto sobre TDAH: "los medicamentos no curan, pero ayudan..."

La verdad que la eficiencia de un medicamento no es algo que pudiera llamarse "magia" ya que serán los padres y profesores a través de la observación directa con los niños/niñas, los más indicados para describir cómo está funcionando un medicamento (cualquiera sea el recomendado y prescrito por el médico). Respecto a esta situación no debemos olvidar que cada escolar puede reaccionar en forma única, por lo tanto, la observación de los padres acerca de los efectos de un determinado medicamento en sus hijos/as, será de importancia fundamental para continuar, cambiar o suspender el tratamiento.

6.1.6 ¿Cuáles son los efectos que pueden presentarse al ingerir medicamentos para el TDAH?

Al comenzar un tratamiento con psicofármacos, algunos niños o adolescentes suelen presentar lo que se llama "efectos secundarios": entre estos efectos se describe: disminución del apetito, trastorno del sueño, dolores de cabeza (cefalea), molestias estomacales (náuseas, vómitos) y ansiedad entre otros (Soutulo y Mardomingo, 2010).

En relación con los trastornos del apetito se puede señalar que un número importante de niños que comienzan un tratamiento muestran pérdida del apetito según lo observan sus padres. Sin embargo, se ha observado que esta disminución no es permanente sino transitoria. Algunos especialistas recomiendan reforzar la alimentación en este periodo con productos nutritivos como batidos energéticos.

Con respecto a los trastornos del sueño que suelen observarse al inicio del tratamiento, estos se asocian con "el inicio del dormir"; en estos casos se recomienda retrasar en un comienzo la hora de ir a la cama siempre y cuando no se disminuyan las horas necesarias de sueño que debe tener el niño/a (Soutulo y Mardomingo, 2010).

Asimismo, hacemos mención al "efecto de rebote" que consiste en la presencia de síntomas de TDAH (hiperactividad-impulsividad) que ocurren cuando disminuye el efecto del medicamento; a fin de mejorar este efecto secundario Soutullo y Quintana (2010), recomiendan readecuar la dosis (redistribuirla) o bien aumentarla a lo largo del día -se toma o ingiere una dosis baja- al regresar de la escuela.

A través de un ejemplo aclararemos la pregunta anterior: a Eduardo Francisco (9 años) le han recetado Adderall con cápsulas de 5 mg. Sabiendo que el efecto dura aproximadamente 12 horas, debemos observar cuales son los cambios que observamos en el niño desde el momento que ingiere el medicamento; también podemos escuchar a la profesora que es lo que dice al respecto; al mismo tiempo uno/una como padre/madre o profesor/a debe preguntarse qué cambios se han producido los cuales me señalan si el remedio está funcionando o no. Debemos cuidar de observar los comportamientos del niño/a durante el día y también a la hora de dormir. A partir de la observación sistemática podemos llegar a considerar que es necesario aumentar o mantener la dosis.

El especialista Monastra (2014) recomienda completar una guía con preguntas asociadas a efectos observados durante la aplicación de medicamentos para el TDAH. De dicha guía hemos extraído y traducido algunas preguntas como referencia, las que pueden proporcionar índices que indican el estado del niño/a y que debieran discutirse con el medico en el control siguiente:

- ¿Corre sin control (mañana, tarde, noche)?
- ¿Ha perdido el apetito?
- ¿Le es difícil dormirse en la noche?
- ¿Se queja de sequedad en la boca?

6.1.7 ¿Hay otros medicamentos además de los llamados "estimulantes"?

Si. Existe una línea de medicamentos no estimulantes que se usan para el TDAH. La atomoxetina que se le conoce con el nombre de Stratera es un medicamento que ha sido aprobado para el tratamiento del trastorno y que actúa sobre otro neurotransmisor (norepinefrina); este medicamento se recomienda en el caso que un niño/a presente muchos efectos secundarios causados por los psicofármacos sobre la base de estimulantes. Entre estos síntomas se mencionan perdida severa del apetito o sueño, presencia de movimientos espasmódicos (conocidos como "tics"), entre varios.

Hay que hacer notar que el medicamento Stratera no tiene rigurosidad para adquirirlo pues no produce dependencia; en estos casos se suele recomendar que el niño lo ingiera (tome) una dos veces al día ya que se observaría un efecto terapéutico que alcanza a durar 24 horas; en este caso la administración del fármaco considera el peso del niño/a sugiriéndose lo tome en al menos 3 o 4 semanas para asegurarse que haga efecto.

En las últimas décadas se ha observado (Monastra, 2014) que hay algunos niños que no presentan enlentecimiento de las ondas cerebrales de la corteza, lo cual se ha logrado comprobar a través de un examen conocido como QEEG (Electroencefalograma Cuantitativo) que consiste en un examen que mide las ondas cerebrales en forma cuantitativa. En estos casos los niños/ñas que no responden a los medicamentos usuales (típicos) se les recomienda el tratamiento con hipertensivos (medicamentos que controlan la presión arterial).

6.2 TERAPIAS INCLUYENDO INTERVENCIÓN PSICOEDUCATIVA

Los especialistas están de acuerdo que los tratamientos presentan un efecto mayor (hogar, casa, ambiente) si se combinan las intervenciones. Al mismo tiempo debemos reconocer que un niño o niña con diagnóstico de TDAH ha tenido una historia de vida que no solo considera los síntomas que presenta; por una parte, las demandas no cumplidas en la escuela producen en el hogar una serie de dificultades que hacen que las relaciones familiares se vuelvan complicadas. La madre o cuidadora debe esforzarse a fin de lograr que el niño cumpla un mínimo de requerimientos escolares, sin contar que es probable se generen discusiones porque el niño/a con TDAH deja con frecuencia (por distracción u olvido) la lista de tareas, utensilios en el colegio. Por otra parte, el profesor/a en la escuela debe cumplir los requerimientos que demanda el curriculum y todas las exigencias de tipo administrativas del establecimiento escolar. De ahí que el niño con TDAH perciba o se le haga sentir que es distinto, siendo a veces estigmatizado (marcado) por sus compañeros como también por el propio establecimiento. Estas condiciones se traducen en el escolar con TDAH en una evaluación de sí mismo/a con tendencia a estar disminuida. Por estas razones que solo se han delineado, se hace conveniente implementar programas que ayuden a que los efectos del medicamento (si se ingieren o no) se traduzcan en un mejor rendimiento escolar, como también se orienten hacia una mejor adaptación del niño consigo mismo y con los demás.

A partir de una variada gama de enfoques terapéuticos, hemos seleccionado como ejemplos los enfoques conductuales-cognitivos los que pueden utilizarse en forma conjunta o separada con tratamientos sobre la base de medicamentos.

Se ha podido observar que el enfoque conductual y cognitivo, que se implementa tanto a nivel de la escuela como en el hogar y en ambientes clínicos, puede lograr que el tratamiento funcione en forma más efectiva. Las estrategias de modificación conductual se inician: 1) definiendo o determinando cuál es la o las conductas que se desean modificar (puede ocurrir que se desea que la conducta o comportamiento se haga más frecuente o bien que disminuya). Por ejemplo, la madre puede desear que el niño o niña coloque la ropa de colegio donde corresponda y no la deje diseminada en el pasillo; a su vez la profesora quiera que el niño no interrumpa la clase distrayendo al resto del curso.

En relación con el enfoque conductual y cognitivo hay que dejar claro que muchas veces los padres desean comportamientos muy "generales" deseando que el niño cambie totalmente; así suelen decir en la consulta "quisiera que mi hijo fuera bueno y que se portara bien". Estas expresiones pueden significar muchas cosas: que el niño se ponga ropa limpia en la mañana antes de ir al colegio, que haga su cama los fines de semana o bien que recuerde llevar todos los cuadernos e implementos escolares en su mochila al colegio. Cada uno de estos comportamientos, al aplicar un enfoque conductual, debe ser definido y descrito uno a uno por separado. Esta condición es especialmente importante cuando se trata de niños/ñas con TDAH, debido a que como ellos atienden a las cosas que le interesan, debe dárselas instrucciones precisas, bien definidas y breves, para que puedan retenerlas en la memoria.

1) De ahí que el especialista (generalmente el psicólogo) le pida a los padres puedan señalar y definir en forma lo más precisa posible los comportamientos que quisieran implementar. Los siguientes ejemplos sirven para precisar las conductas a modificar:

- Quisiera que mi hijo/hija se acostara a la hora convenida (21 horas) de lunes a viernes.

- Quisiera que mi hijo/hija organizara sus libros y cuadernos al hacer las tareas en casa (lunes a viernes).

2) Una vez que se ha seleccionado y definido el comportamiento, éste debe observarse: en otras palabras, se quiere saber "¿cómo están sucediendo las cosas ahora? El especialista construye con la ayuda de la madre una hoja donde debe anotar si el comportamiento ocurre o no (de lunes a viernes) durante un periodo de 2 semanas. Es posible que el padre, al observar los comportamientos definidos, se dé cuenta que algunos días ocurre el comportamiento descrito, en tanto otros días no se observa.

3) A continuación, el especialista en conjunto con la madre o cuidador/a, deben buscar cuales son las cosas que pueden servir como *reforzadores positivos* para el niño/ña. Al hablar de reforzadores queremos decir que se le va a dar algo al niño (luego de realizado el comportamiento deseado) que aumente la posibilidad que la conducta se repita o comience (dependiendo de la conducta o comportamiento seleccionado). No debemos olvidar en este momento que cada persona tiene sus propios reforzadores o sea aquellas cosas que le al niño/ña le gustaría tener o hacer, por lo cual se alerta a buscar reforzadores para el niño no aquellas cosas que a la madre o instructor/a le agradan. Los niños pequeños prefieren reforzadores "tangibles" (cosas que se puedan ver y tocar); en cambio, los niños mayores funcionan con sistemas de puntos que se puedan canjear o bien con reforzadores sociales (tocándole el hombro y señalarle: "que bien que obtuviste ese lugar en la competencia").

4) Una vez identificadas estas condiciones se comienza a desarrollar ("se echa a andar") el programa con las instrucciones ya definidas y trabajadas con el especialista.

Este tipo de técnicas suele funcionar con éxito especialmente con los niños con TDAH debido a que se focaliza en tareas precisas y definidas con recompensas a la vista.

El gráfico que se presenta a continuación constituye un ejemplo de cómo debe visualizarse un programa de modificación de conducta. La primera columna (A) muestra la línea de base o sea el comportamiento que se presenta en la actualidad; cada punto representa un día (ejemplo: recoger juguetes antes de acostarse). La segunda columna (B) representa el inicio del entrenamiento incluyendo reforzadores; la tercera columna (A') indica el rendimiento una vez que se retira el refuezo y se sigue observando si hay cambios; la cuarta columna (B) muestra cuando se reinstala el programa y se ve (observa) que el comportamiento está funcionando; por último, la quinta columna representa el comportamiento meta (final) ya establecido.

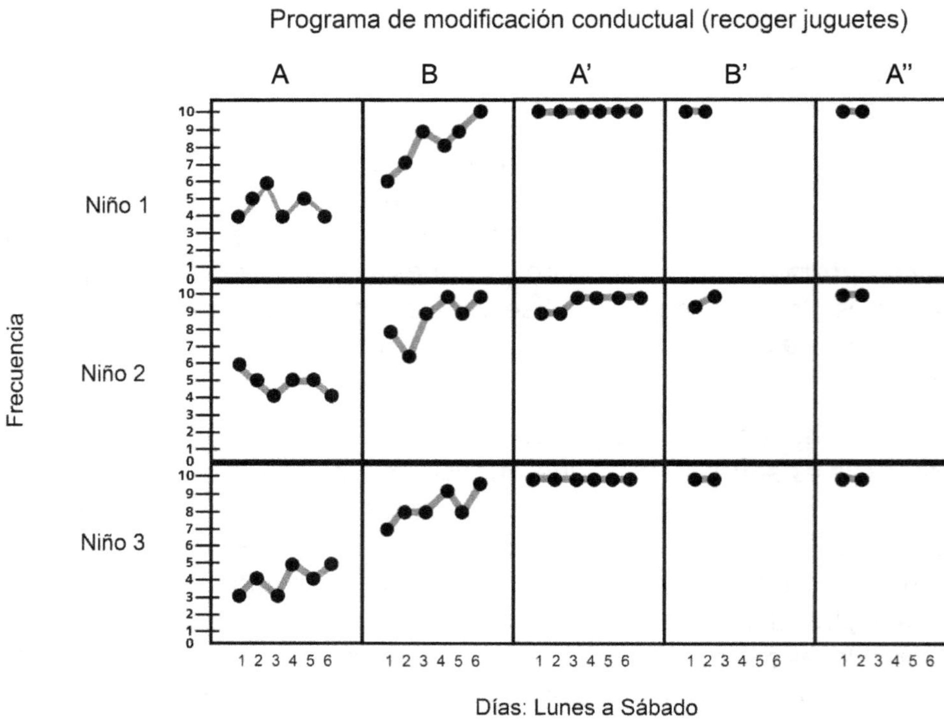

Diseño: René Araya R.

Suele ocurrir que durante el desarrollo (implementación) del programa aparezcan ideas, opiniones y pensamientos que se asocian con el trastorno de déficit atencional y que afectan al niño/ña en forma significativa; el escolar puede señalar que lo molestan en la clase que a veces lo llaman "loco", en tanto en su hogar le molesta que lo comparen con sus hermanos, haciéndole sentir que es distinto. En esta situación es conveniente detenerse y trabajar analizando las creencias y pensamientos que el niño revela; el trabajo debe combinar modificar tanto los comportamientos como también aquellas creencias y pensamientos de tipo negativo que el niño/a presenta.

Siguiendo a Daly, Hildenbrand & Brown (2016) el Entrenamiento Cognitivo a través del uso de computadores dirigido a niños y jóvenes con diagnóstico de TDAH, habría surgido en décadas recientes; esta modalidad utiliza programas de software que se administra a los niños durante un periodo determinado. Los trabajos realizados con esta modalidad habrían indicado reducción de síntomas del trastorno de déficit atencional de acuerdo con lo expresado por los padres (no así por los profesores)

Como una manera de asegurar que un programa pueda funcionar con la mayor eficiencia posible se sugiere, junto con el programa, firmar una especie de contrato al interior de la familia o en la escuela. La vida al interior de una familia es compleja; si a esta situación se le suma el hecho de tener un hijo/a con diagnóstico de TDAH, las condiciones familiares se vuelven más demandantes y a veces las relaciones familiares pueden terminar en conflicto. Con el objeto de facilitar el trabajo de intervención con el niño/niña se recomienda firmar una especie de contrato que especifique que como miembro de la familia "creemos no está bien gritar, golear, amenazar o referirse en forma negativa a otro miembro del grupo familiar". Un contrato como el que sugerimos no significa que las dificultades que pudieran existir desaparecerán de un momento a otro; sin embargo, el solo hecho de firmarlo facilita la reflexión de cada participante de la familia.

6.3 OTROS TRATAMIENTOS

A lo largo del tiempo han surgido una serie de iniciativas para el tratamiento del TDAH. Algunas están relacionadas con un conjunto de *Dietas* que se cree pudieran tener un efecto importante para disminuir los sintamos del trastorno. Entre las dietas más conocidas se mencionan la dieta Feingold que surgió en el pasado y que consistía en eliminar aditivos en las comidas (colorantes, saborizantes y preservantes) las que, a su vez, debían medirse y pesarse. La dieta era muy demandante (exigente) y sus efectos controvertidos (efectos positivos y negativos) habría favorecido su abandono con el transcurso del tiempo. Otra dieta sugerida se ha asociado con la supresión de alimentos alergénicos (lácteos, gluten, azúcar) los cuales serían, según sus autores, propensos a producir alergia. Por último, se menciona la dieta con suplementos de vitaminas y minerales, prescribiéndose (recetándose) altas dosis de ellas (aceite de atún, hierro, zinc y magnesio), las cuales podrían provocar efectos secundarios (retraso del crecimiento).

6.3.1 Tratamientos a través del uso de Tecnologías

El uso de la tecnología también ha permitido desarrollar estrategias que pueden ser de utilidad en el tratamiento de niños y jóvenes con TDAH; así la técnica conocida como "Entrenamiento a través de la neuroretroalimentación (Neurofeedback)" habría mostrado disminución de los síntomas del trastorno según padres y profesores Daly, Hildenbrand & Brown (2016). La técnica consiste en tratar de modificar las ondas cerebrales (necesarias para la atención y actividad motora) a través de la información que recibe el niño/niña a quien se le colocan electrodos de estos que se utilizan para el examen de electroencefalografía (EEG).

Otra técnica conocida como Electroencefalograma Cuantitativo (QEEG) ha permitido tener el registro (a través de ondas) de las características (patrones) eléctricas cerebrales y así poder tener evaluación (conocimiento) de la forma como se comunica el cerebro; a través de esta estrategia se logra tener una mayor precisión diagnóstica y como consecuencia, identificar el tratamiento más apropiado (Monastra, 2014).

Uno de los diseños más recientes desarrollados y que ha recibido aprobación para su uso es el "sistema de estimulación externo del nervio trigémino" (trigémino es el nervio craneano -V par- que al inflamarse nos produce jaqueca). El sistema diseñado para niños de 7 a 12 años consiste en un pequeño aparato electrónico que emite una estimulación de bajo nivel de intensidad, al nervio cerebral trigémino; el sistema usa electrodos colocados en la frente que pueden funcionar de noche mientras duerme el niño/niña. El sistema produciría reducción de los síntomas de TDAH según ensayos clínicos realizados. Ofrece además una opción no medicamentosa como tratamiento. En la actualidad, se plantea la necesidad de investigar más adelante para evaluar los efectos a largo plazo de esta alternativa (Greenbaum, 2019).

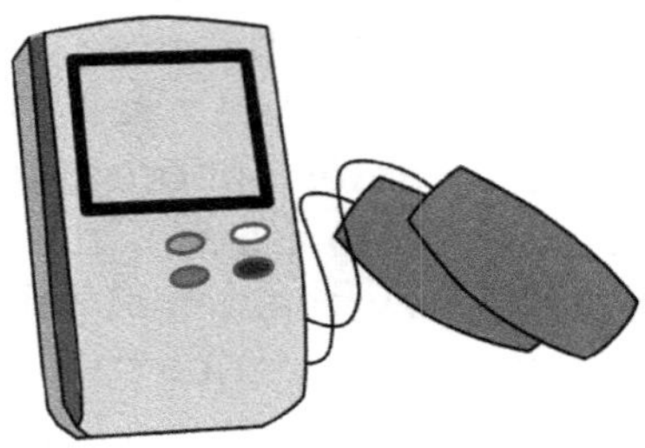

Sistema de estimulación externa del nervio trigémino.

Diseño: Andres Bodini S.

6.3.2 Métodos de Tratamiento Combinados

El tratamiento combinado (conocido como multimodal) que consiste en administrar medicamentos e intervenciones terapéuticas, en forma conjunta, es el más recomendado en la literatura científica. Algunas investigaciones (Daly, Hildenbrand & Brown, 2016) han señalado que los niños que recibieron tratamiento combinado presentaron no solo disminución de los síntomas característicos del trastorno, sino necesitaron dosis de medicamentos más bajas comparados con los niños que recibían solo medicamentos. También se habría observado que la combinación de tratamientos de la naturaleza señalada sería más efectiva cuando el TDAH se presenta en conjunto con otros trastornos (trastornos de aprendizaje). Uno de los estudios clínicos más extensos sobre los efectos de tratamientos en el TDAH fue realizado a través del MTA Cooperative Group (1999); el trabajo consideró una muestra de 600 niños a lo largo de 14 meses de seguimiento. La investigación destacó el hecho que la combinación de tratamiento terapéutico y medicamentoso era significativamente superior (al reducir síntomas) comparado con un tratamiento único. Asimismo, se evidenció que los efectos permanecían a lo largo de 14 meses. A fin de determinar los efectos del tratamiento transcurridos 6 y 8 años del citado estudio, Molina et al. (2009) evaluaron si la trayectoria de los niños a 3 años de haber sido seguidos podría predecir resultados en los años siguientes. Los resultados indicaron que no había diferencias entre los grupos de tratamiento, concluyéndose que el tipo e intensidad del trastorno no predecía el funcionamiento 6 u 8 años más tarde. Asimismo, aquellos niños que presentaban ventajas a nivel de comportamiento, socio demografía y con la mejor respuesta al tratamiento, eran los que presentaban el mejor pronóstico. En términos generales y sobre la base de los resultados de estudios de seguimiento, se aconseja la conveniencia de mantener el tratamiento a lo largo de la niñez y adolescencia.

7. Ejercicios prácticos

Ahora que ya conocemos bastante sobre el trastorno de déficit atencional, nos preguntamos: **¿qué podríamos hacer para ayudar a estos niños y niñas en el ámbito social, emocional y académico?**

El conjunto de ejercicios que presentamos a continuación ha sido elaborado a partir del resultado de nuestra experiencia práctica día a día con niños y niñas que han sido diagnosticados con déficit atencional y que presentan algunas dificultades en la escuela, en el hogar o en su relación con otros niños. Los ejercicios que encontrarán a continuación son ejemplos para facilitar el desarrollo de algunas funciones que se conocen como "funciones ejecutivas" (FE) y que se ha visto son necesarias para funcionar en la vida diaria y en particular en la escuela. Las FE se relacionan con un conjunto de acciones que una persona realiza por si misma y que le permite alcanzar una meta; en el caso de un niño de segundo grado, el resolver una tarea aritmética que implica resta necesita una serie de pasos para lograr una respuesta y necesita por tanto una serie de funciones que lo llevaran a resolver la resta.

Siguiendo el planteamiento de especialistas (Naglieri y Goldstein, 2012), se han ordenado los ejercicios considerando 9 funciones, agregándose actividades para desarrollar una última función que consideramos importante incorporar y que es conocida como "conciencia plena" (Mindfulness). A continuación, se explica cada una de ellas:

- **Atención:** Una de las características más evidentes que muestra un niño con TDAH es su desatención. Observamos que no se alerta al escuchar su nombre, no sigue indicaciones o instrucciones, distrayéndose con objetos o sucesos que ocurren en su alrededor. Por lo tanto, es importante ejercitar esta función ejecutiva, entendida como la capacidad de evadir distracciones, concentrarse en tareas, sostener la atención hacia una situación o tarea.

- **Automonitoreo:** Esta función ejecutiva se entiende como la habilidad del niño/ña para evaluar su propia conducta, con el fin de analizar cuando una acción es necesaria en determinado momento. El ejercitar esta habilidad permite que el niño/ña logre identificar y reparar errores, saber cuándo necesita ayuda y entender cuando ha finalizado una tarea correctamente.

- **Control Inhibitorio:** Se puede observar que el niño/a con TDA realiza acciones temerarias o arriesgadas; estos niños/as dan la impresión que no logran medir los posibles efectos de sus conductas. Por esta razón, es fundamental contribuir al desarrollo del Control inhibitorio. Al ejercitar esta función ejecutiva, se estará fomentando la capacidad del niño/a para controlar sus conductas impulsivas. Asimismo, el niño/a logrará capacitarse para pensar en las consecuencias antes de actuar, mantener el autocontrol y reflexionar acerca de la situación en que se encuentra.

• **Iniciación:** Una de las funciones ejecutivas que se considera compleja es la Iniciación, que se puede entender como la capacidad de un niño/a en empezar tareas o proyectos por sí mismo. Hemos observado que el niño/a con TDAH presenta dificultad en iniciar por sí mismo lo que debe hacer, sin que se lo indique un tercero. Es importante la Función Iniciación en la vida de un escolar, ya que se relaciona con el inicio y desarrollo de tareas, le hacen sentirse motivado a largo plazo y tener iniciativa propia para comenzar nuevos proyectos o actividades.

• **Organización:** La función ejecutiva Organización es la habilidad para manejar una actividad o múltiples tareas, con el fin de lograr un objetivo principal. Esta habilidad incluye la acción de ordenar los propios pensamientos y ordenar los pasos o etapas que se requieren; incluye manejar el tiempo efectivamente y completar actividades (tareas) en un tiempo determinado, antes de comenzar otra. A través de los ejercicios que se brindan, se puede entrenar esta función.

• **Planificación:** Esta función ejecutiva se vincula con la habilidad para generar e implementar un mapa de pasos necesarios para alcanzar una meta o completar una tarea. Aquí se presentan ejercicios que permitirán aprender a planificar con anticipación, desarrollar estrategias adecuadas y contribuir a tomar decisiones con el fin de lograr un objetivo.

• **Flexibilidad:** Esta función ejecutiva se relaciona con la capacidad de adaptarse a diversas condiciones. La flexibilidad se entiende como la capacidad del niño/ña en ajustar sus comportamientos de acuerdo a las circunstancias, incluyendo la capacidad de generar formas y métodos al enfrentarse a un problema. Esta capacidad permite revisar los planes y modificarlos de acuerdo al contexto en que se encuentra, incluyendo nueva información y reparando los errores eventuales.

• **Memoria de trabajo:** Una de las dificultades que enfrenta un niño/ña con TDAH es el olvido o pérdida constante de sus objetos, materiales o tareas, lo que puede interferir principalmente con su rendimiento escolar. Las dificultades señaladas, puede evidenciar un déficit en la memoria de trabajo, por lo que a continuación se muestra una serie de ejercicios para contribuir en el desarrollo de esta función. Al realizar los ejercicios, se está fomentando la capacidad para retener información en la memoria, referente a que hacer y cómo hacerlo, incluyendo recordar información importante, instrucciones y pasos o etapas.

• **Regulación emocional:** Con frecuencia los niños con TDAH presentan "desregulación emocional", por ello tienden a expresar las emociones en forma excesiva comparada con el contexto (situación) en que se encuentran, pasan rápidamente de un estado emocional a otro o bien no logran atender los estímulos emocionales cuando corresponde. De esta manera esta función ejecutiva constituye una de las dificultades más frecuentes que acompaña el trastorno. Por las razones anteriores, hemos incluido varios ejercicios para desarrollar esta destreza. Las actividades o ejercicios están orientados a desarrollar el control y manejo de emociones en el niño/niña; incluye calmarse cuando se encuentra con dificultades menores y cómo reaccionar con un nivel emocional adecuado.

• **Conciencia plena:** El Mindfulness o conciencia plena, puede ser entendido como la capacidad de poner atención y percibir intencionalmente los estímulos del ambiente, junto a las propias sensaciones corporales, emociones y pensamientos que ocurren en el aquí y ahora, es decir, el presente. El realizar actividades de Mindfulness se convierte en una práctica que permite conocer mejor el propio cuerpo, las emociones y así, contribuir al bienestar y regulación emocional.

Antes de iniciar las actividades, es importante entender que los ejercicios están construidos para que puedan ser realizados con la ayuda de los padres, cuidadores o docentes a cargo de el/a niño/a; se aconseja buscar el lugar y momento adecuado para trabajar, evitando que la actividad se transforme en una situación de tensión para el/la niño/a y/o la persona a cargo. Si se encuentra bajo el efecto de presión por el tiempo o quehaceres urgentes, busque otro momento para asegurarse que la actividad a desarrollar sea efectiva en el desarrollo de la función descrita.

Las actividades se presentan sin un orden establecido; en ese sentido usted puede trabajar con aquellas actividades que según su juicio son más necesarias o urgentes en desarrollar en el/la niño/niña. A continuación, se presentan cada una de las fichas de actividades por funciones.

7.1 FUNCIÓN EJECUTIVA: ATENCIÓN

FICHA N° 1: Yo leo con atención

Nombre:	**Fecha:**
Función ejecutiva: Atención	**Recomendado para:** edad de 6 a 12 años

Objetivo: Desarrollar en el/la niño/a la capacidad de focalizar la atención hacia la lectura

Otras funciones ejecutivas: Iniciación, automonitoreo

Intrucciones:

1. Con un papel, cartulina, goma eva o con lo que disponga, construya ayudado por el/la niño/a, un modelo similar al indicado más abajo, el cual servirá para focalizar la atención en la lectura de un texto.
2. El modelo deberá tener una forma rectangular. En la zona media de este rectángulo, deberá cortar una abertura de forma rectangular más pequeña (área señalada de color gris).
3. La medida de la abertura dependerá del tamaño de la letra de los textos, ya que por dicha abertura el/la niño/a podrá leer cada línea de texto.
4. Cuando el/la niño/a tenga que leer un texto, él o ella usará el material colocándolo sobre la hoja de lectura. Al leer, deberá ir desplazándolo línea por línea, de modo que facilite la lectura sin verse interferido por las otras líneas impresas.
5. A continuación, explique a el/la niño/a cómo utilizar el material.
6. Acompañe en la lectura hasta que el/la niño/a logre utilizar adecuadamente el material creado.

Modelo para reproducir:

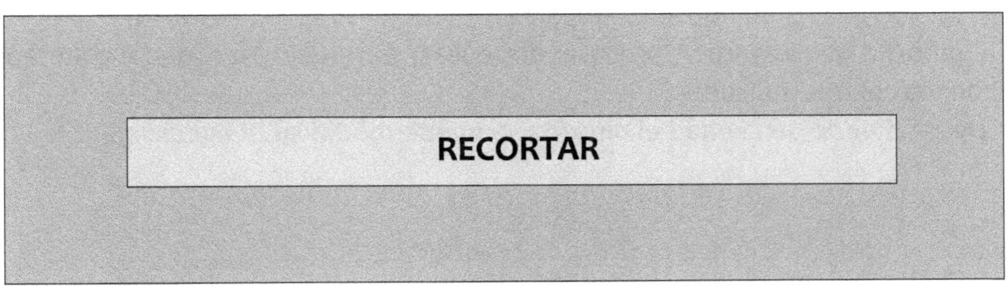

FICHA N° 2: Fichas y colores

Nombre:	**Fecha:**
Función ejecutiva: Atención	**Recomendado para:** edad de 6 a 12 años
Objetivo: Potenciar la atención sostenida hacia los detalles en una tarea	
Otras funciones ejecutivas: Organización, análisis	

Intrucciones:

1. En la página siguiente se presenta una serie de fichas que tienen un número y un conjunto de colores; a su vez podrán observar que hay también un tablero de colores.
2. El/la niño/a deberá colocar el número de la ficha en el lugar que corresponda según la combinación de los colores.
3. Explique a el/la niño/a: "Mira, acá hay unas fichas (señale con el dedo). Hay unas de un solo color y otras que tienen dos colores. Fíjate en la ficha con el número 1, es de color verde; (asegúrese que identifica la ficha); ahora mira la ficha con el número 2, tiene dos colores: celeste y rojo" (señale con el dedo).
4. Comente: "Si miras más abajo, encontrarás un tablero con los colores de las fichas".
5. Explique al niño/niña que la columna izquierda con colores, indica el color que debe tener la base de la ficha.
6. Explique al niño/niña que la fila de arriba con los colores, indica el color que debe tener la punta de la ficha.
7. Indique: "Debes escribir el número de la ficha en el cuadro del tablero, que combine el color de arriba y de la izquierda. Por ejemplo, el primer cuadro blanco a completar, la ficha que corresponde debe tener de base color verde y la punta de color rojo" (Señale los colores del tablero).
8. Permita a el/la niño/a desarrollar el primer cuadro como prueba, eligiendo y escribiendo el número de la ficha correcta por sí mismo. Si el/la niño/a se equivoca, corrija enseñando la respuesta correcta (Respuesta: Ficha 14).
9. El niño/ña debe avanzar, procurando realizar el trabajo en orden y coherencia con los colores indicados.
10. Dependiendo de la edad el niño/ña se puede modificar el ejercicio.

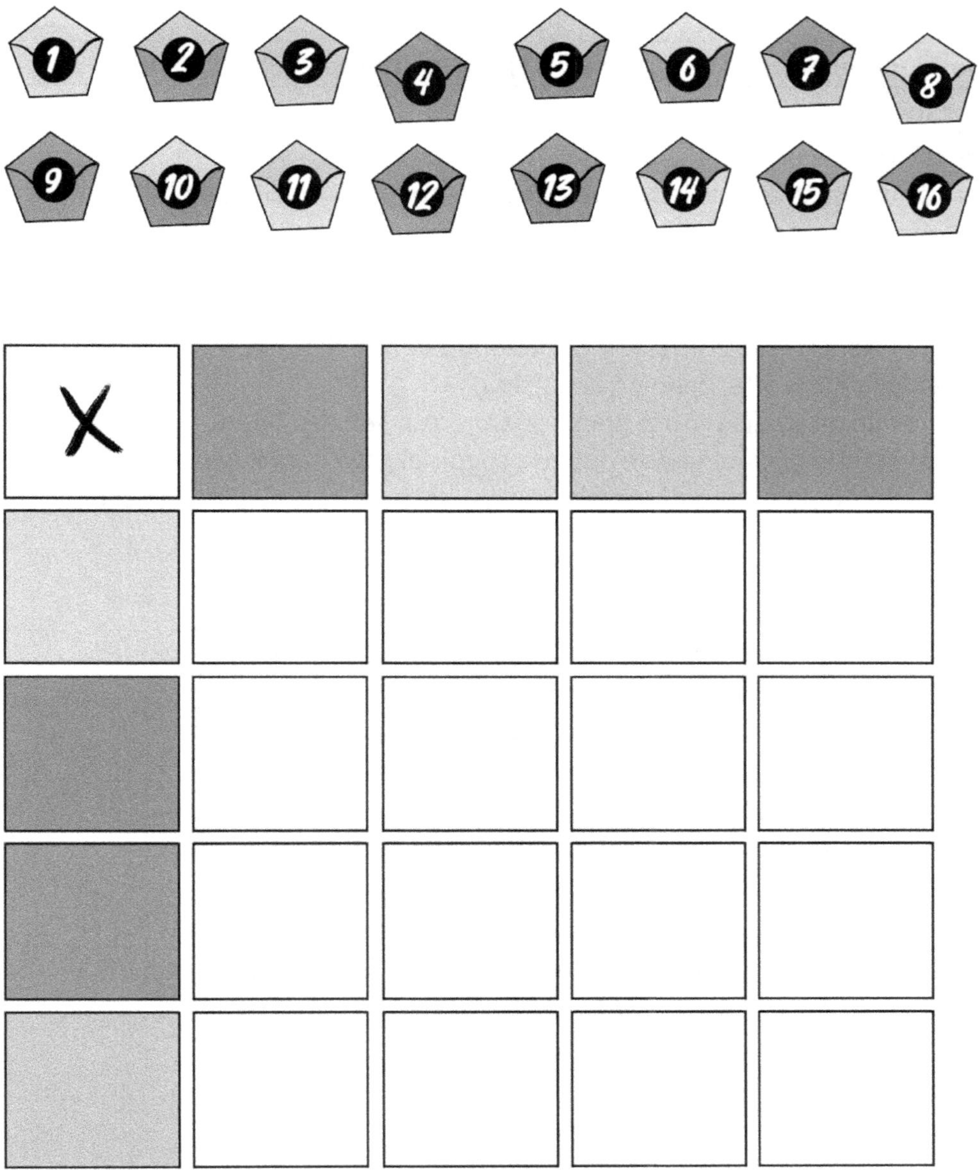

Diseño: René Araya R.

FICHA N° 3: Laberintos

Nombre:	**Fecha:**
Función ejecutiva: Atención	**Recomendado para:** edad de 6 a 12 años
Objetivo: Atender una tarea por un periodo de tiempo determinado	
Otras funciones ejecutivas: Planificación	

Intrucciones:

1. Acá se muestran dos laberintos. El primero es más fácil que el segundo.
2. Debe presentar a el/la niño/a los laberintos, los cuales tiene como objetivo "ayudar al gato a encontrar a su comida".
3. Indique a el/la niño/a que debe marcar el camino correcto con un lápiz, empezando donde dice PARTIDA y terminando donde dice META (Evite que comience desde la meta y termine en la partida).
4. Antes de que el/la niño/a empiece a marcar, señale: "Piensa y mira el laberinto, imaginando el camino que debería seguir el gato para llegar a la meta".
5. Por último, comente al niño/a, que, si entra a un callejón sin salida, continúe buscando el camino correcto.

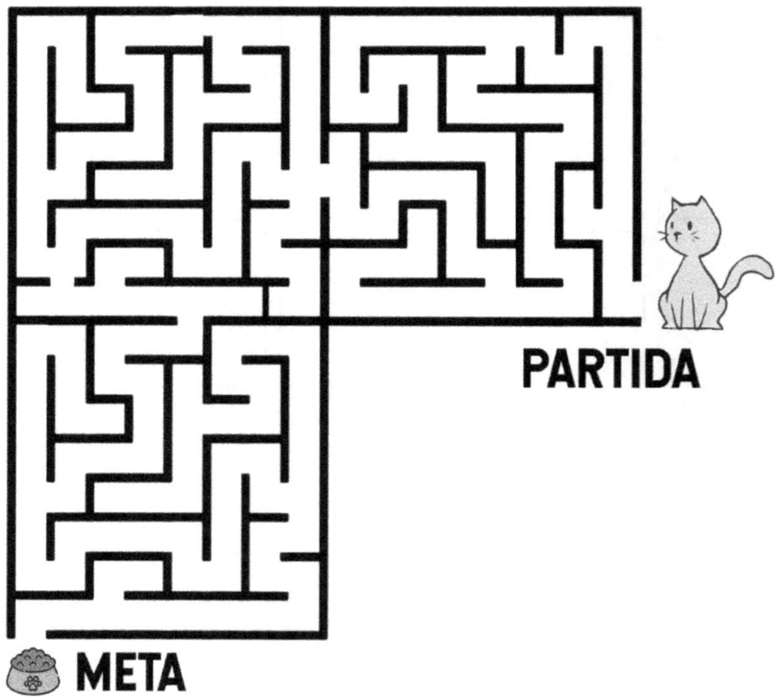

Diseño: René Araya R.

7.2 FUNCIÓN EJECUTIVA: MEMORIA DE TRABAJO

FICHA N° 1: ¿Dónde está?

Nombre:	**Fecha:**
Función ejecutiva: Memoria de trabajo	**Recomendado para:** edad de 6 a 12 años

Objetivo: Recordar en qué lugar del dormitorio se encuentran ciertos objetos de el/la niño/a

Otras funciones ejecutivas: Atención, memoria de trabajo

Intrucciones:

1. A continuación, se observan tres columnas. En la columna izquierda se encuentra el nombre de varios objetos. Revíselos.
2. Indique a el/la niño/a que en la columna de color naranja debe dibujar **el lugar** en donde se encuentra cada objeto. Motive a el/la niño/a preguntando por cada uno de los objetos. Por ejemplo: *¿Dónde están tus zapatos del colegio?*
3. Luego, indique que dibuje en la columna de color azul **donde debería estar** cada objeto. Motive a el/la niño/a preguntando *¿Dónde deberían estar?* Por ejemplo: *¿Dónde debería estar las pantuflas?*

Objetos	¿Dónde está?	¿Dónde deberían estar?
Zapatos del colegio		
Cuaderno de lenguaje		
Juguete favorito		
Ropa del colegio		
Mochila		
Estuche		

FICHA N° 2: Mi mochila

Nombre:	**Fecha:**
Función ejecutiva: Memoria de trabajo	**Recomendado para:** edad de 6 a 12 años
Objetivo: Recordar los materiales que deben colocarse en la mochila para el colegio	
Otras funciones ejecutivas: Atención, automonitoreo	
Intrucciones: 1. Motive a el/la niño/a a pensar y decir todo los objetos y materiales que debe llevar en la mochila para ir al colegio. 2. Indique a continuación al niño/a que debe dibujar los objetos nombrados dentro de la mochila (imagen de abajo) en una hoja de papel o cartulina. 3. Luego, junto a el/la niño/a ubiqué o cuelgue la imagen completada en un lugar visible y accesible para el escolar. 4. Finalmente, explique a el/la niño/a : "Cada vez que armes tu mochila, mira el dibujo de la mochila que has completado" 5. Establezca una rutina "utilizando la imagen" cada día cuando el/la niño/a debe preparar su mochila para llevar al colegio.	

Diseño: René Araya R.

FICHA N° 3: Pienso, llevo y voy

Nombre:	**Fecha:**
Función ejecutiva: **Memoria de trabajo**	**Recomendado para:** edad de 6 a 12 años
Objetivo: Recordar las cosas que el/la niño/a debe llevar cuando va a lugares específicos	
Otras funciones ejecutivas: Atención, iniciación	

Intrucciones:

1. A continuación, se muestran 4 cuadros. En cada uno de ellos está escrito un lugar o situación.
2. En esos cuadros, explique a el/la niño/a que escriba o dibuje todos los objetos que debería llevar si va a esos lugares: La playa, al cumpleaños de un amigo, clase de educación física y a la plaza.
3. Ayude preguntando: "¿Qué deberías llevar cuando vas a_________________?" (complete con el lugar señalado en los cuadros).
4. Revise que las respuestas sean coherentes a la situación o lugar.

A la playa	Al cumpleaños de mi amigo
A la clase de Educación Física	**A la plaza**

7.3 FUNCIÓN EJECUTIVA: ORGANIZACIÓN

FICHA N° 1: Imaginemos y ordenemos

Nombre:	**Fecha:**
Función ejecutiva: Organización	**Recomendado para:** edad de 6 a 12 años
Objetivo: Desarrollar la capacidad de ordenar sus propios objetos, a través de una imagen concreta	
Otras funciones ejecutivas: Memoria de trabajo	

Intrucciones:

1. Primero invite y acompañe a el/la niño/a a mirar y analizar su habitación atentamente.
2. Luego, indíquele que debe escribir o dibujar en el cuadrado azul, todos los objetos que debe ordenar en su habitación.
3. Posteriormente, indíquele que debe dibujar en el recuadro verde la habitación ordenada.

Dibuja o escribe en el primer cuadro los objetos que vas a ordenar:

Dibuja tu habitación ordenada:

FICHA N° 2: Ordeno y termino

Nombre:	**Fecha:**
Función ejecutiva: Organización	**Recomendado para:** edad de 6 a 12 años
Objetivo: Promover la completación de una tarea, antes de comenzar una nueva actividad	
Otras funciones ejecutivas: Atención, iniciación y memoria de trabajo	

Intrucciones:

1. La secuencia muestra los pasos necesarios para lograr un gol. Esta secuencia le servirá a el/la niño/a a fin de organizar la tarea del colegio u hogar que debe hacer. Diga al niño/a: "Vamos a usar estos dibujos para ayudarte a hacer tu tarea. Mira, el niño realiza tres pasos (apunte los dibujos 1, 2 y 3) antes para hacer un gol (dibujo 4). Tú igual debes hacer ciertos pasos para terminar tu tarea".
2. Diga a el/la niño/a: "Para lograr eso, debes hacer primero ciertos pasos igual que el niño" (apunte el dibujo 1, 2 y 3).
3. "Escribe lo primero que debes hacer" (apunte el cuadro del dibujo 1 y de tiempo para completar). Revise lo que el/la niño/a escribió por sí mismo/a. Guíe y ayude sí no logra identificar el paso.
4. "Escribe lo siguiente que debes hacer" (apunte el cuadro del dibujo 2, de tiempo para completar y revise).
5. "Escribe lo siguiente que debes hacer" (apunte el cuadro del dibujo 3, de tiempo para completar y revise).
6. Invite a el/la niño/a a escribir en el cuadro nº4 lo que va a lograr (ejemplo: tarea terminada, encontrar un resultado, responder todas las preguntas).
7. Cuando el/la niño/a tenga completado el dibujo, indíquele que comience su tarea
8. Motive a el/la niño/a a mirar el dibujo para que recuerde sus pasos. Mencione: "Mira los dibujos para que recuerdes que debes hacer".

EJEMPLO:

1. Leer el cuento	**2. Leer cada pregunta**	**3. Responder cada pregunta**	**4. Tarea terminada**

ACTIVIDAD N° 1: (Tarea 1)

ACTIVIDAD N° 2: (Tarea 2)

ACTIVIDAD N° 3: (Tarea 3)

Diseño: René Araya R.

FICHA N° 3: Un color, un paso

Nombre:	**Fecha:**
Función ejecutiva: Organización	**Recomendado para:** edad de 6 a 12 años
Objetivo: Promover la completación de una tarea en el/la niño/a, antes de comenzar una nueva organizando los pasos de resolución	
Otras funciones ejecutivas: Automonitoreo, planificación	

Intrucciones:

1. Esta estrategia puede ser utilizada cuando el/la niño/a deba completar una guía del colegio. Para eso, necesitará una regla y lápices de colores.
2. Marque cada ejercicio de la guía de tareas de el/la niño/a con un color tal como lo indica la tabla de abajo.
3. El primer ejercicio márquelo con un lápiz de color verde, el segundo de color rojo, el tercero de color azul y el cuarto ejercicio de color naranjo.
4. Explique a el/la niño/a: "Los colores te recordarán que debes ir completando los ejercicios en el orden correcto".
5. "Primero vas a mirar esta tabla (señale con el dedo la tabla). En ella dice el orden de los ejercicios que debes realizar. El primer ejercicio es de color verde, el segundo ejercicio es de color rojo, el tercer ejercicio es de color azul y el cuarto es de color naranjo" (Señale con el dedo cada color).
6. Ahora invite a el/la niño/a a mirar la guía ya marcada previamente. Señalando cada ejercicio, mencione: "Mira, este ejercicio es de color verde, tienes que hacerlo primero" (De tiempo para ejecutar el ejercicio).
7. Cuando el/la niño/a termine un ejercicio, motívelo a marcar con un ticket donde dice Tarea lista, en la tabla de colores. Felicite por el esfuerzo demostrado en el ejercicio
8. Repita la instrucción número 6 y 7 para el ejercicio de color rojo, luego para el ejercicio de color azul y terminar con el ejercicio naranjo.
9. Al final, muestre a el/la niño/a sus logros.

Tareas	Color	Tarea lista
Primer Ejercicio		
Segundo Ejercicio		
Tercer ejercicio		
Cuarto ejercicio		

Actividad n° 1:

Ordenar de menor a mayor

96 - 64 - 87 - 78	
92 - 49 - 27 - 74	

Actividad n° 2:

Resuelva los siguientes ejercicios:

2 + 3 = _________

4 + 3 = _________

5 + 2 = _________

Actividad n° 3:

Resuelva el problema:

Paula plantó 10 flores en su jardín. De ellas, 4 florecieron de color morado y el resto, de color rojo. ¿Cuántas florecieron de color rojo?

FICHA N° 4: ¿Qué debo hacer hoy?

Nombre:	**Fecha:**
Función ejecutiva: Organización	**Recomendado para:** edad de 6 a 12 años
Objetivo: Desarrollar en el/la niño/a la capacidad de organizar correctamente sus tareas diarias y promover un seguimiento de éstas	
Otras funciones ejecutivas: Automonitoreo, memoria de trabajo	

Intrucciones:

1. Elija una imagen para trabajar los deberes/tareas que debe realizar el/la niño/a.
2. Elija de acuerdo a la cantidad de tareas que puede realizar el/la niño/a (opción imagen nº 1 o nº 2).
3. Puedes usar el tren, donde escribirá en los vagones. Se puede elegir la lista, donde deberá escribir en orden las cosas que debes realizar.
4. En conjunto, escriban las cosas que el/la niño/a debe realizar durante el día. Mencione: "Vamos a escribir las cosas que debes hacer en el día de hoy por orden".
5. Coloque la imagen en un lugar visible y accesible para el/la niño/a.

Imagen 1

Imagen 2

Diseño: René Araya R.

7.4 FUNCIÓN EJECUTIVA: CONTROL INHIBITORIO

FICHA N° 1: Acciones para lograr metas

Nombre:	**Fecha:**
Función ejecutiva: Control inhibitorio	**Recomendado para:** edad de 9 a 12 años
Objetivo: Posponer una acción con el objetivo de llegar hacia una meta	
Otras funciones ejecutivas: Automonitoreo, flexibilidad	

Intrucciones:

1. Invite y ayude a el/la niño/a a pensar y escribir 5 metas o cosas que le gustaría lograr (de cualquier tipo). Pueden ser cosas relacionada con sus apuntes de clases, sus amistades, aprender algo nuevo o ser mejor en casa con sus familiares.
2. Las metas deben ser concretas y simples para el/la niño/a.
3. Posterior a la escritura de las metas, van a responder las siguientes preguntas: **"¿Qué es lo que no debería hacer para llegar a mi meta?"** y **"¿Qué debería hacer para poder lograr mi meta?"** Indique que escriba su respuesta en el lugar correspondiente.

Metas	¿Qué es lo que no debería hacer para lograr mi meta?	¿Qué debería hacer para poder lograr mi meta?
1.		
2.		
3.		
4.		
5.		

FICHA N° 2: ¿Qué pasó?

Nombre:	**Fecha:**
Función ejecutiva: Control inhibitorio	**Recomendado para:** edad de 6 a 12 años
Objetivo: Promover la capacidad de identificar su propia conducta impulsiva y sus posibles consecuencias	
Otras funciones ejecutivas: Atención	

Intrucciones:

1. Coméntele a el/la niño/a que se realizarán un juego de casos y preguntas.
2. Lea a el/la niño/a el primer caso que se enuncia en el recuadro.
3. Luego de leer el primer caso, motive a el/la niño/a a pensar e imaginar detenidamente a fin de responder. Pregunte lo siguiente:
   i. **Cuéntame con tus palabras ¿Qué pasó?**
   ii. **¿Cómo terminó la situación?**
   iii. **¿Qué deberías hacer mejor?**
4. Asegúrese de hacer una análisis con el/la niño/a. Hágalo de forma tranquila y sin apuros
5. Continué leyendo cada caso, realizando las preguntas señaladas en la instrucción nº 3

CASOS

Caso nº1: Imagina que estás jugando con tus compañeros en el patio del colegio. Al lado de ustedes juegan voleibol unos niños más grandes que ustedes. De pronto, le llega un pelotazo a tu amigo, le devuelven la pelota y siguen jugando. Luego la pelota te golpea la cabeza. Tú te enojas, vas y le pegas una patada a uno de los niños más grandes. El inspector te llama la atención y le cuenta a tu mamá.
Caso nº2: Imagina que estás en tu casa y llegan visitas. Todos están conversando en la mesa. De pronto te encuentras dos billetes de mil pesos cerca de la puerta de la casa. Corres y lo guardas en un lugar secreto, porque quieres comprarte un juguete. Tu mamá se da cuenta que le falta dinero y lo empieza a buscar. Tú no dices nada. Tu mamá encuentra el dinero en tu caja de juguetes. Ella te castiga y no te deja jugar ni ver televisión.
Caso nº3: Imagina que tú mamá te dice que dejes de jugar con el celular y ordenes tu pieza. No le haces caso, y sigues jugando porque vas ganando. Tú mamá te repite de nuevo que dejes de jugar y que debes ordenar. Ella se acerca, te quita el celular, dice que no lo puedes usar por toda la semana.
Caso nº 4: En la clase de tecnología tienes que hacer un trabajo en grupo. Todos tus amigos trajeron sus materiales, pero tú olvidaste los tuyos de nuevo. Ellos te sacan del grupo y le avisan a la profesora.
Caso nº 5: Imagina que estás en clases, y te dan ganas de hacer una máscara de papel. Recortas varias máscaras y dejas lleno de papeles tu puesto. La profesora te dice que tienes que barrer tu espacio, pero toca el timbre del recreo y sales corriendo. La profesora te llama la atención y te hace barrer toda la sala.
Caso nº 6: Imagina que realizan en clases la prueba de la lectura de un libro. Tu completas tú prueba rápidamente, porque quieres hacer dibujos. Entregas tu prueba y la semana siguiente recibes tu prueba con una baja nota. Mi profesora te muestra en qué te equivocaste y te sorprendes, porque te equivocas marcando las alternativas, en las preguntas que si sabías las respuestas.

FICHA N° 3: Yo elijo

Nombre:	**Fecha:**
Función ejecutiva: Control inhibitorio	**Recomendado para:** edad de 9 a 12 años
Objetivo: Promover la reflexión sobre los efectos de nuestras acciones y contribuir en el control de impulsos	
Otras funciones ejecutivas: Atención	

Intrucciones:

1. Lea junto al niño/a y analice cada uno de las tres situaciones que se presentan a continuación.
2. Luego de leer la primera situación, lea junto al niño/a las dos opciones que se presentan, analizando los aspectos positivos y negativos de cada una.
3. Invite al niño/a a responder lo siguiente: **¿Qué pasaría si eliges la opción 1?** y **¿Qué pasaría si eliges la opción 2?** Indique al niño/a que escriba su respuesta.
4. Después, pregunte por cada opción: "¿Está bien o mal? ¿Por qué?". En conjunto, reflexionen si está bien o mal cada una de las opciones e invite a que el/la niño/a escriba su respuesta
5. Finalmente, en base al análisis realizado, debiera poder elegirse la mejor opción para resolver el problema. Pregunte a el/la niño/a: "Entonces ¿Cuál es la mejor opción?". Indíquele que justifique y escriba su respuesta.

Situación A: Mientras termino mi tarea, mi amiga de curso viene y me dice que mi compañero sentado atrás se comió mis galletas. Me dan ganas de salir corriendo, empujarlo y gritarle que me pague las galletas...	
Opción 1: Lo encuentro, lo empujo; mi compañero se enoja y me empuja de vuelta. El inspector nos reta y llama a nuestras mamás.	**Opción 2:** Pienso que tengo que terminar la tarea, la termino; espero un rato y luego le pregunto si él se comió mis galletas. Me dice que no.
Si escojo la opción 1 ¿Qué pasaría?	**Si escojo la opción 2 ¿Qué pasaría?**
¿Está bien o mal? ¿Por qué?	**¿Está bien o mal? ¿Por qué?**
¿Cuál es la mejor opción?	

<table>
<tr><td colspan="2">Situación B:
Mi mamá me prometió ir al cine el sábado. Yo estuve esperando toda la semana. Ahora, mi mamá me dice que ya no podemos ir, porque mi tía está enferma y va a ir a cuidarla ese día. Me siento muy enojado porque yo quiero ir hoy al cine...</td></tr>
<tr><td>Opción 1:
Me voy a jugar para que se me pase el enojo con mi mamá. No me funciona, así que me pongo a ver tele. Después, le digo a mi mamá que me enoje y le pido si podemos ir otro día al cine.</td><td>Opción 2:
Me enojo y le grito a mi mamá. Le digo que es mentirosa y que tenemos que ir hoy. Mi mamá me dice que no, pero yo me voy y golpeó una silla.</td></tr>
<tr><td>Si escojo la opción 1 ¿Qué pasaría?</td><td>Si escojo la opción 2 ¿Qué pasaría?</td></tr>
<tr><td>¿Está bien o mal? ¿Por qué?</td><td>¿Está bien o mal? ¿Por qué?</td></tr>
<tr><td colspan="2">¿Cuál es la mejor opción?</td></tr>
</table>

<table>
<tr><td colspan="2">Situación C:
Estoy en la sala de clases, y mi profesor sale a buscar unas guías. Un compañero revoltoso toma mi estuche. Empieza a jugar con el tirándolo hacia arriba. Yo quiero mi estuche y le digo que me lo pase. Él sigue tirándolo y se queda atascado en el proyector de la sala.</td></tr>
<tr><td>Opción 1:
Yo necesito mi estuche rápido antes que llegue el profesor. A mí se me ocurre una idea, y monto tres sillas para yo subirme y conseguir el estuche. Mis compañeros me ven y empiezan a gritarme.</td><td>Opción 2:
Yo estoy pensando cómo conseguir mi estuche. Cuando llega el profesor, le explico lo que hizo mi compañero. Le pido que si me ayuda a sacar mi estuche.</td></tr>
<tr><td>Si escojo la opción 1 ¿Qué pasaría?</td><td>Si escojo la opción 2 ¿Qué pasaría?</td></tr>
<tr><td>¿Está bien o mal? ¿Por qué?</td><td>¿Está bien o mal? ¿Por qué?</td></tr>
<tr><td colspan="2">¿Cuál es la mejor opción?</td></tr>
</table>

7.5 FUNCIÓN EJECUTIVA: PLANIFICACIÓN

FICHA N° 1: Montaña de metas

Nombre:	**Fecha:**
Función ejecutiva: Planificación	**Recomendado para:** edad de 8 a 12 años
Objetivo: Identificar los pasos necesarios para alcanzar una meta	
Otras funciones ejecutivas: Automonitoreo, Iniciación	

Intrucciones:

1. Diga al niño/a lo siguiente: "Mira atentamente el dibujo, es una montaña, donde hay un camino, marcado con banderas rojas y en la punta está la meta marcada con una bandera de color celeste" (apunte los banderines mientras dice la instrucción).
2. Luego refiera: "imagina que debes subir esta montaña, paso a paso, para alcanzar una meta principal".
3. Diga al niño/a: "Para eso, deberás escribir en el cuadrado de la bandera celeste, tu meta".
4. Explique al niño lo que es una meta, tal como "algo que te gustaría lograr pronto o más adelante".
5. Finalmente, en los cuadros marcados con banderines rojos, mencione que debe escribir los pasos para poder alcanzar su meta.

Por ejemplo:

- Meta: Subir mis notas
- Paso 1: Tener mi lápiz y goma
- Paso 2: Escribir en la clase
- Paso 3: Pedir ayuda el/la profesor/a
- Paso 4: Aprender a estudiar en casa

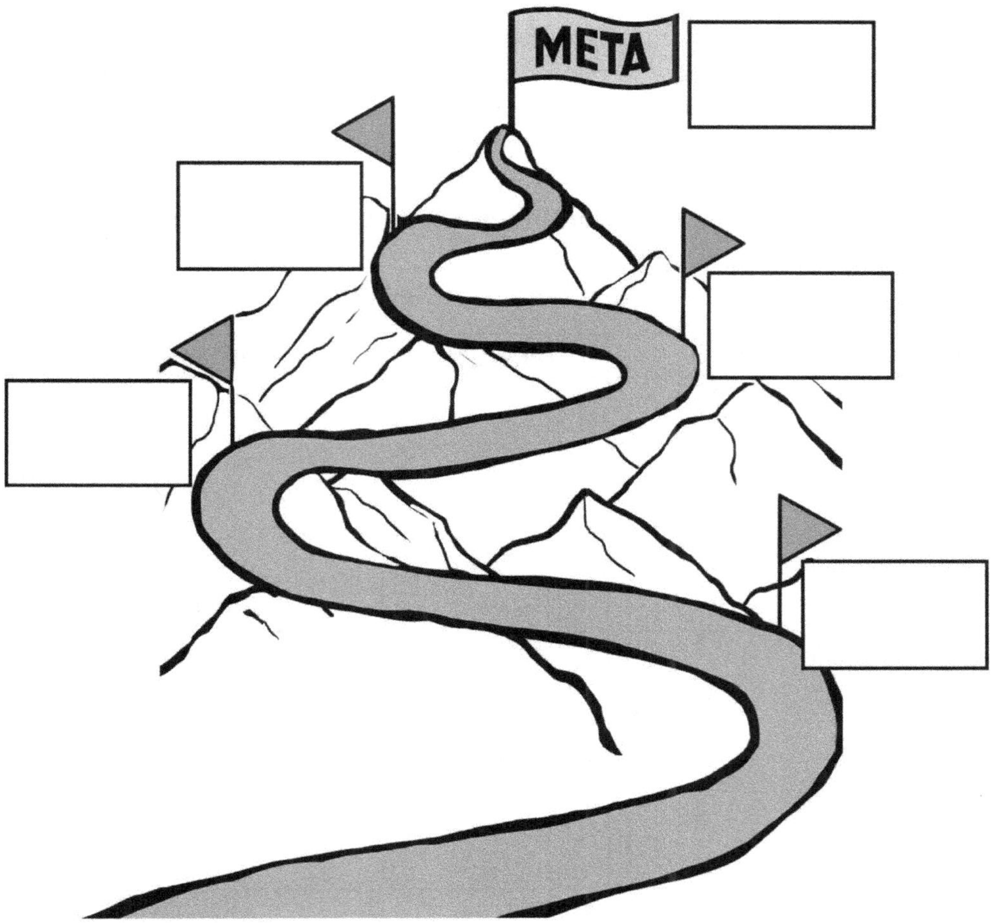

Diseño: René Araya R.

FICHA N° 2: Plan para cada día

Nombre:	**Fecha:**
Función ejecutiva: Planificación	**Recomendado para:** edad de 6 a 12 años

Objetivo: Preparar previamente los materiales que requiere para asistir al colegio

Otras funciones ejecutivas: Organización, memoria de trabajo

Intrucciones:

1. Invite a el/la niño/a a recordar los materiales y objetos que debe llevar al siguiente día.
2. Motive a pensar y recordar lo que necesita para el siguiente día. (Por ejemplo, si es Lunes, solo deben trabajar lo que necesita para el día martes).
3. Diga a el/la niño/a: "Escribe el nombre de cada material en el día que te corresponde".

Mi lista de preparación para cada día en el colegio

¿Qué tengo que llevar?

Lunes	Martes	Miércoles	Jueves	Viernes
1.	1.	1.	1.	1.
2.	2.	2.	2.	2.
3.	3.	3.	3.	3.
4.	4.	4.	4.	4.
5.	5.	5.	5.	5.
6.	6.	6.	6.	6.

FICHA N° 3: ¿Qué tengo que hacer primero?

Nombre:	**Fecha:**
Función ejecutiva: Planificación	**Recomendado para:** edad de 6 a 12 años
Objetivo: Identificar y organizar los pasos necesarios para poder asistir a un evento	
Otras funciones ejecutivas: Organización, memoria de trabajo	

Intrucciones:

1. Con el/la niño/a mire y analice la tabla que se encuentra a continuación.
2. Comente lo siguiente: "Mira, en este cuadro se muestran distintos eventos o situaciones de la vida del día a día".
3. Invite al niño a pensar en los pasos que debería realizar para poder ir a estos eventos.
4. Explique a el/la niño/a que los pasos son las acciones o tareas que debes hacer.
5. Finalmente, explíquele que debe escribir cada uno de estos pasos en la columna de pasos, en orden correcto.
6. Recuérdele a el/la niño/a que debe pensar que tiene que hacer en primer lugar, segundo lugar y así sucesivamente.

Para __________ (ejemplo: ir al cine) ¿Qué tengo que hacer primero? y ¿después?

Eventos	**Pasos**
Ir al cine	1.-
	2.-
	3.-
	4.-
	5.-
Ir a un cumpleaños	1.-
	2.-
	3.-
	4.-
	5.-
Estudiar para una prueba	1.-
	2.-
	3.-
	4.-
	5.-

7.6 FUNCIÓN EJECUTIVA: FLEXIBILIDAD

FICHA N° 1: Yo resuelvo problemas

Nombre:	**Fecha:**
Función ejecutiva: Flexibilidad	**Recomendado para:** edad de 10 a 12 años
Objetivo: Desarrollar la capacidad de identificar un problema, conocer su conducta frente al mismo e identificar una solución adecuada	
Otras funciones ejecutivas: Control inhibitorio, atención, automonitoreo	

Intrucciones:

1. Pida al niño/a que lea en voz alta cada una de las situaciones escritas en la tabla que se encuentra más abajo.
2. Posteriormente, motive al niño/a a pensar cada problema.
3. Luego haga al niño/a las siguientes preguntas.

-¿Cuál es el problema?
-¿Qué harías tú frente al problema?
-¿Se soluciona el problema con tu acción?
-¿Cuál crees tú que sería la mejor solución?

4. Deténgase en cada pregunta, brindando tiempo al niño/a para que piense, reflexione y responda.
5. Indique al niño/a que debe escribir su respuesta.
6. A continuación, se presenta un ejemplo con imagen, para explicar la actividad al niño/a.

Ejemplo:

Caso	El problema	¿Qué harías frente al problema?	¿Se soluciona el problema?	¿Cuál sería la mejor solución?
La planta que estaba en la casa de mi abuela se está muriendo. Se ve que las hojas se cayeron y no sé qué puedo hacer.	Planta secándose.	Sacar las hojas que se cayeron.	No.	Regar la planta y ponerle vitaminas.

Casos	El problema	¿Qué harías frente al problema?	¿Se soluciona el problema?	¿Cuál sería la mejor solución?
Hoy día la profesora escribió mucho en clases. Yo escribí un poco pero después me paré a contarle algo a mi compañero. La profesora me dijo que me sentará, pero yo me acordé de otra cosa del video que vi y se lo conté a mi amigo. Entonces la profesora se molestó conmigo y me anotó en el libro de clases.				
Estábamos jugando futbol con la pelota de mi amigo. Iba ganando, pero mi otro amigo empezó a jugar mejor que yo. Metió dos goles y perdí. Me enoje tanto, corrí y pegue un pelotazo tan fuerte, que la pelota cayó en la casa de alguien.				

Casos	El problema	¿Qué harías frente al problema?	¿Se soluciona el problema?	¿Cuál sería la mejor solución?
Estoy con mi mamá esperando para que me revise el doctor. Yo me aburro y me pongo a escalar por los sillones. Mi mamá me dice que me siente muchas veces, pero me estoy divirtiendo, escalando. De pronto, me tropiezo y le pegó en la pierna a una señora que estaba al lado. Ella se enoja mucho y empieza a reclamar.				
Estaba en el colegio jugando a tirar mi lonchera, estoy entretenido y lo hago girar muchas veces. Llego a la cancha y veo que están jugando futbol así que me voy a jugar. Cuando mi mamá llega a buscarme, me pregunta por mi lonchera y no sé dónde la dejé.				
En clases de artes, me atrasé con mi trabajo y tenía que terminarlo pronto. No traje mi pincel así que saqué el de mi compañero sin pedírselo. Termino mi trabajo y mi compañero se acerca enojado reclamando que no pudo hacer su trabajo porque le saqué su pincel.				

FICHA N° 2: Lluvia de ideas

Nombre:	**Fecha:**
Función ejecutiva: Flexibilidad	**Recomendado para:** edad de 8 a 12 años
Objetivo: Desarrollar la capacidad de identificar un problema y construir diferentes soluciones frente a un problema	
Otras funciones ejecutivas: Control inhibitorio, automonitoreo	
Intrucciones: 1. Comente a el/la niño/a que a continuación verá una imagen, en donde se presenta un problema y su solución. 2. Diga dirigiéndose a el/la niño/a: "El problema es la sequía y la solución son las gotas de lluvia.; cada gota representa la solución al problema". 3. Posterior a eso, invite el/la niño/a a encontrar un problema de su vida que debería solucionar. 4. Luego indiquele al niño/a que lo escriba en el cuadrado de la imagen. 5. Fnalmente, motive y preste ayuda el/la niño/a a encontrar varias soluciones para el problema seleccionado. 6. Apunte las gotas de lluvia, para que el/la niño/a escriba sus soluciones.	

FICHA N° 3: Mapa de metas

Nombre:	**Fecha:**
Función ejecutiva: Flexibilidad	**Recomendado para:** edad de 8 a 12 años
Objetivo: Desarrollar la capacidad de plantear distintas formas para lograr una meta	
Otras funciones ejecutivas: Regulación emocional, planificación	

Intrucciones:

1. Para esta actividad se requiere utilizar stickers.
2. Invite a el/la niño/a a encontrar una meta que quiera lograr. Por ejemplo: Escribir en las clases de matemáticas, hacer un nuevo amigo o no llorar cuando le dicen que no.
3. Indíquele el cuadro rosado para que escriba la meta seleccionada.
4. Indíquele el cuadro naranja y diga: "En el cuadro naranja vas a escribir una estrategia para llegar a tu meta. Una estrategia es algo que debemos hacer para llegar a la meta"
5. Invite a el/la niño/a durante los siguientes días a poner a prueba su estrategia.
6. Luego, converse con el/la niño/a sobre si funcionó la estrategia.
7. Dígale a el/la niño/a que marque con una X en el cuadro Sí, si su estrategia funcionó. Si no funcionó indíquele que marque la opción No.
8. Luego que el/la niño/a marcó, explique: "Si funcionó tu estrategia, recibirás un sticker" (pegar debajo del cuadro Sí).
9. Explique: "Si no funcionó, vas a escribir otra estrategia en el siguiente cuadro ¿Qué puedo hacer?"
10. Repita el proceso desde el paso número 3.
11. Este mapa puede ser re-utilizado para distintas metas que se desee lograr.

Mapa de metas

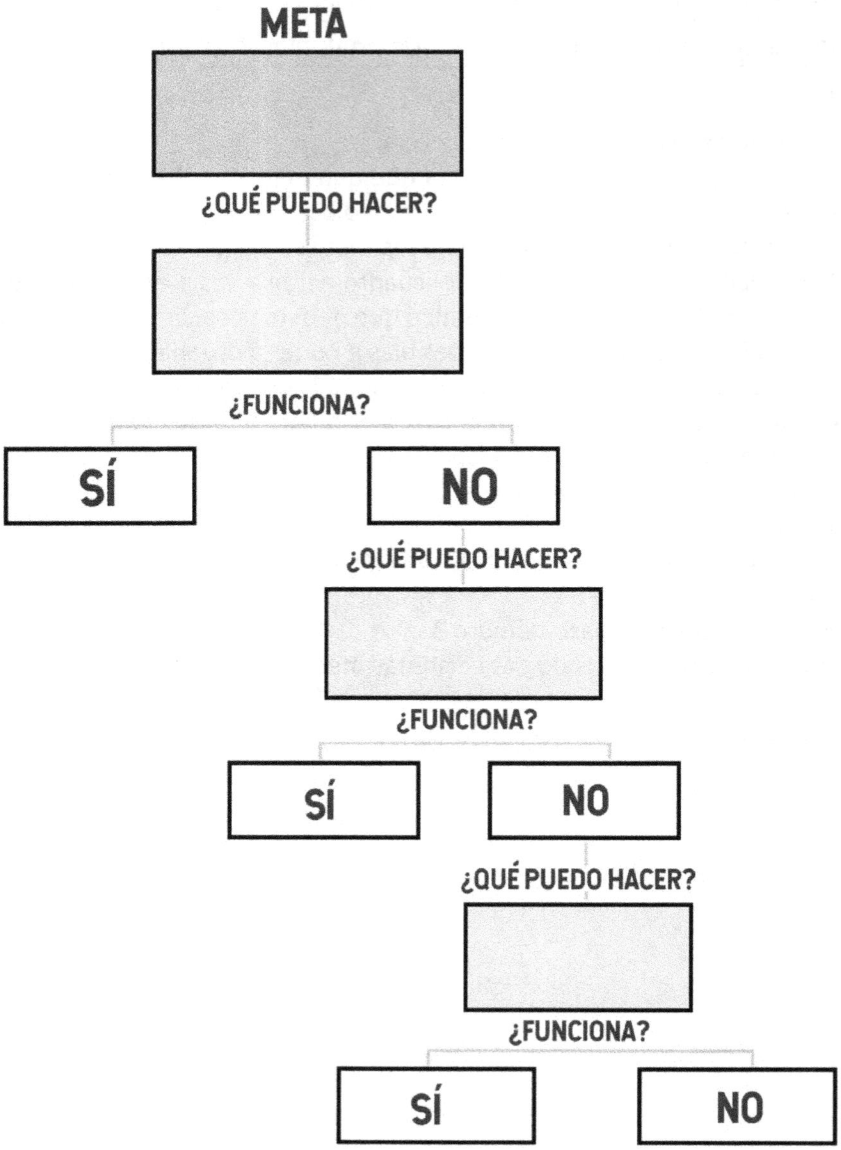

7.7 FUNCIÓN EJECUTIVA: INICIACIÓN

FICHA N° 1: Empiezo y avanzo solito

Nombre:	**Fecha:**
Función ejecutiva: Iniciación	**Recomendado para:** edad de 6 a 12 años

Objetivo: Desarrollar la capacidad de iniciar y continuar una actividad o acción

Otras funciones ejecutivas: Control inhibitorio, automonitoreo

Intrucciones:

1. Esta estrategia se utiliza cuando el/la niño/a debe hacer una tarea o cumplir con los deberes. Se necesita un lápiz y la alarma de un celular.
2. A continuación, se presenta la carrera que tiene un comienzo y final, con autos ubicados en el inicio.
3. Presente a el/la niño/a la carrera. Comente: "Esta es una carrera de autos, te servirá cuando debas hacer tu tarea o deberes. Yo usaré un auto y tú otro. Lo importante, es ver quien llega primero a la meta y gana el premio".
4. Van a definir un premio para el ganador de la carrera, por ejemplo: ver una película juntos, jugar 10 minutos más en la tablet, comer algo de su preferencia.
5. Explique a el/la niño/a: "Para que tu auto avance, debes hacer correctamente el ejercicio de tu tarea dentro de un tiempo límite". Defina previamente un tiempo óptimo para realizar un ejercicio, considerando las características de el/la niño/a.
6. Continúe: "Si logras cumplir con el ejercicio antes de que suene la alarma del celular, tu auto avanzará a la primera bandera y mi auto no avanzará".
7. Continúe explicando: "Si no logras realizar el ejercicio antes de que suene la alarma, mi auto avanzará a la primera bandera y tu auto no podrá avanzar".
8. Finalice explicando: "Vamos a marcar con un lápiz el avance de cada auto. Si logras terminar los ejercicios antes del sonido de la alarma, llegarás primero a la meta".
9. Revise como avanza en sus ejercicios. Tan pronto llegue a la meta, brinde el premio acordado a el/la niño/a.

Diseño: René Araya R.

FICHA N° 2: Tarjeta de Refuerzo

Nombre:	**Fecha:**
Función ejecutiva: Iniciación	**Recomendado para:** edad de 6 a 12 años
Objetivo: Promover la iniciativa en el/la niño/a para comenzar y cumplir con tareas	
Otras funciones ejecutivas: Automonitoreo, memoria de trabajo	

Intrucciones:

1. A continuación, se presenta la Tarjeta de Refuerzo, que se utilizará para cuando el/la niño/a debe estudiar o trabajar en sus tareas.
2. Por cada ejercicio de la tarea que realice el/la niño/a, se le dibujará o pegará una estrella. Seleccione una cantidad de ejercicios que el/la niño/a pueda realizar. Dependiendo de eso, defina la cantidad de estrellas que puede ganar.
3. Muestre a el/la niño/a la tarjeta y comente: "Esta tarjeta te indica lo que debes hacer: Debes sentarte, mirar, escuchar y trabajar (señale las imágenes) para poder ganar las estrellas (señale el dibujo de la estrella). Por cada ejercicio terminado, ganarás una estrella". Cuide que el niño entienda las instrucciones.
4. Mencione, señalando la parte inferior de la tarjeta: "Si haces los ____ ejercicios (total de ejercicios), vas a ganar _____ estrellas" (total de estrellas). Complete en la parte que dice **Si gano ____ estrellas**, con el total de estrellas que debe ganar el/la niño/a.
5. Explique a el/la niño/a: "Si juntas esa cantidad de estrellas, vas a ganar un premio". En conjunto con el/la niño/a seleccione un premio, por ejemplo: ver televisión, jugar, comer un dulce o ver una película (escriba en el cuadro Así obtengo). Se recomienda pensar previamente opciones de premios y que el/la niño/a seleccione uno de ellos. Esta actividad constituye una especie de contrato.
6. Revise el desarrollo de los ejercicios de el/la niño. Cuando realice correctamente un ejercicio, inmediatamente felicite y dibuje o pegue una estrella en los círculos inferiores de la tarjeta.
7. Cuando termine todos los ejercicios acordados previamente, brinde durante el día el premio acordado.

LO QUE DEBO HACER

SENTARME MIRAR ESCUCHAR TRABAJAR

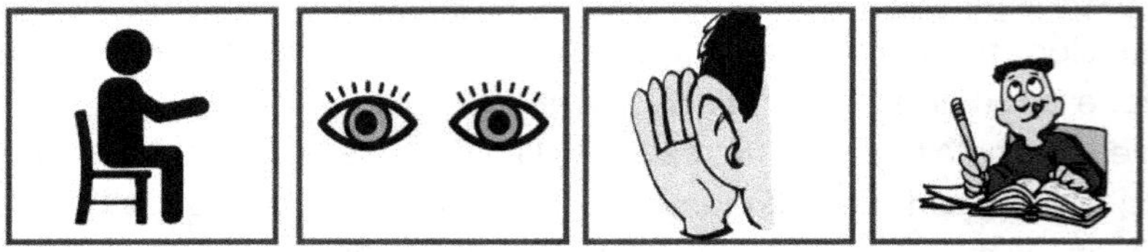

PARA GANAR

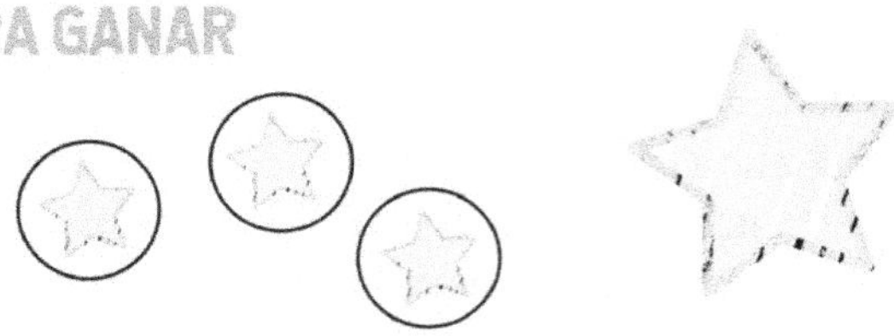

SI GANO ____ ESTRELLAS

OBTENGO

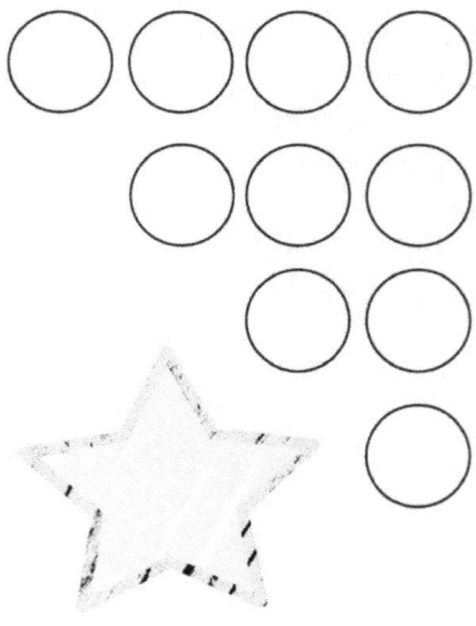

7.8 FUNCIÓN EJECUTIVA: REGULACIÓN EMOCIONAL

FICHA N° 1: Reconozco mis emociones

Nombre:	**Fecha:**
Función ejecutiva: Regulación emocional	**Recomendado para:** edad de 6 a 12 años
Objetivo: Identificar las emociones básicas	
Otras funciones ejecutivas: Atención	

Intrucciones:

1. A continuación, se presentan 5 caras que muestran distintas emociones.
2. Indíquele a el/la niño/a: "Mira cada una de las caras y piensa que emoción es" (apunte con el dedo cada una de las caras).
3. En los cuadros debajo del dibujo, el/la niño/a escribirá la emoción. Comente: "Cuando identifiques la emoción, la debes escribir aquí" (apunte con el dedo el cuadro en blanco).
4. Pregunte: "¿Qué emoción es esa?". Brinde tiempo para que responda y revise la respuesta antes de continuar con la siguiente cara.
5. Puede ayudar diciendo: "Mira atentamente las cejas, los ojos y la boca".

¿Qué emoción es?

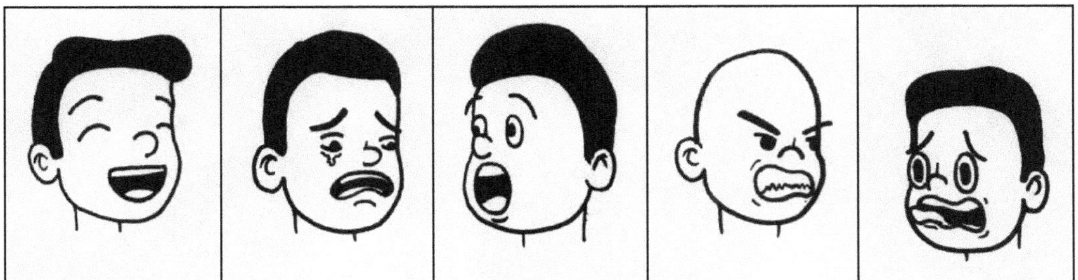

1.	2.	3.	4.	5.

Diseño: René Araya R.

FICHA N° 2: El mundo de mis emociones

Nombre:	**Fecha:**
Función ejecutiva: Regulación emocional	**Recomendado para:** edad de 6 a 12 años
Objetivo: Reconocer y describir las emociones	
Otras funciones ejecutivas: Atención	

Intrucciones:

1. Indique a el/la niño/a lo siguiente: "Mira acá hay un cuadro para distintas emociones: Alegría, tristeza, enojo y miedo (apunte los distintos cuadros). Vas a imaginar e inventar una ciudad para cada emoción ¿Cómo sería la ciudad de la Alegría?"
2. Mencione: "Vas a dibujar aquí (apunte el cuadro en blanco) cómo te imaginas la ciudad".
3. Indique a el/la niño/a que incluya personajes, plantas y objetos, los cuales crea que se relacionan a cada emoción.
4. Al terminar el dibujo, indique que el/la niño/a que escriba en las líneas, tres objetos más importantes de la ciudad dibujada.
5. Repita nuevamente desde la instrucción número 1, para trabajar las siguientes emociones preguntando: "¿Cómo sería la ciudad de_____ ?" (complete con la emoción).

Alegría
Tres cosas más importantes del dibujo: 1. ____________________ 2. ____________________ 3. ____________________

Tristeza
Tres cosas más importantes del dibujo: 1. ______ 2. ______ 3. ______

Enojo
Tres cosas más importantes del dibujo: 1. ______ 2. ______ 3. ______

Miedo
Tres cosas más importantes del dibujo: 1. ________________________ 2. ________________________ 3. ________________________

FICHA N° 3: Los frascos de mis emociones

Nombre:	**Fecha:**
Función ejecutiva: Regulación emocional	**Recomendado para:** edad de 6 a 12 años
Objetivo: Identificar las situaciones o momentos del/la niño/a, relacionados a las emociones de la alegría, enojo, tristeza y miedo	
Otras funciones ejecutivas: Automonitoreo	
Intrucciones: 1. Indique a el/la niño/a: Mira el frasco. En la línea marcada en la tapa del frasco vas a escribir el nombre de una emoción. Puede ser Alegría, enojo, tristeza o miedo. 2. Luego comente: "Dentro del frasco vas a dibujar las cosas (situaciones, personas y objetos) que te hagan sentir la emoción que elegiste". 3. Converse con el/la niño/a sobre lo dibujado y sus emociones. **Sugerencia para cuidadores**: Se puede realizar concretamente con frascos o cajas. Cada frasco se etiqueta con el nombre de la emoción, se puede decorar a gusto de acuerdo con la emoción elegida. Se escribirá en papeles pequeños los distintos momentos, objetos o personas que el niño o niña asocia a la emoción. Se guardará cada papel en sus recipientes correspondientes por emoción.	

FICHA N° 4: Mis emociones en todos lados

Nombre:	**Fecha:**
Función ejecutiva: Regulación emocional	**Recomendado para:** edad de 6 a 12 años

Objetivo: Identificar las situaciones donde el/la niño/a presenta distintas emociones. Identificar por sí mismo la reacción emocional que se presenta en cada situación

Otras funciones ejecutivas: Automonitoreo

Intrucciones:

1. Comente a el/la niño/a: "Mira la tabla, aparecen las cuatro emociones: Alegría, enojo y tristeza. (Señale cada emoción de la tabla)
2. Mencione: "Por cada emoción, vas a responder con 2 situaciones o momentos en que sentiste esa emoción. Escribe acá" (Señale con el dedo los cuadros en blanco de la columna Situaciones)
3. Brinde tiempo para que el/la niño/a escriba las situaciones para una emoción.
4. Luego, indique a el/la niño/a: "Escribe qué hiciste o cómo reaccionaste cuando viviste esa situación" (mencione la situación). "Piensa y recuerda qué hiciste"
5. Repita la instrucción número 4 para la siguiente situación de la misma emoción.
6. Al final, refiera: "Vas a responder si estuvo bien tu reacción o ¿cómo podrías haber reaccionado? Escribe aquí" (señale la última columna)
7. Mira el ejemplo a continuación:

Emociones ¿Qué siento?	Situaciones o momentos	¿Qué pasó? ¿Qué hice?	Reacción ¿Estuvo bien? ¿Cómo podría haber reaccionado?
Enojo	Se me perdió mi juego favorito de la Xbox	-Me encerré en la pieza	
		-Golpeé la puerta de mi pieza	
	No me compraron lo que pedí en el supermercado	-Le grité a mi mamá	
		-Crucé mis brazos	

Emociones ¿Qué siento?	Situaciones o momentos	¿Qué pasó? ¿Qué hice?	Reacción ¿Estuvo bien? ¿Cómo podría haber reaccionado?
Alegría	1.		
	2.		

Emociones ¿Qué siento?	Situaciones o momentos	¿Qué pasó? ¿Qué hice?	Reacción ¿Estuvo bien? ¿Cómo podría haber reaccionado?
Tristeza	1.		
	2.		

Emociones ¿Qué siento?	Situaciones o momentos	¿Qué pasó? ¿Qué hice?	Reacción ¿Estuvo bien? ¿Cómo podría haber reaccionado?
Enojo	1.		
	2.		

FICHA N° 4: Ruleta Yo me calmo

Nombre:	**Fecha:**
Función ejecutiva: Regulación emocional	**Recomendado para:** edad de 6 a 12 años
Objetivo: Desarrollar estrategias para que el/la niño/a controle sus emociones bajo situación de estrés	
Otras funciones ejecutivas: Memoria de trabajo	

Intrucciones:

1. Comente a el/la niño/a: Esta es tu ruleta, en ella hay distintas cosas que puedes hacer, cuando sientas que no puedes controlar tus emociones.
2. Luego, mencione: "Cada vez que sientas que no puedes controlar tu emoción, vas a mirar tu ruleta".
3. Por último, indique: "Vas a elegir lo que más te podría ayudar, preguntándote a ti mismo ¿Qué me puede ayudar a calmarme?"
4. Lea, converse y practique cada una de las acciones con el/la niño/a.
5. Cuando ocurra una situación estresante para él/ella, recuérdele usar su ruleta.

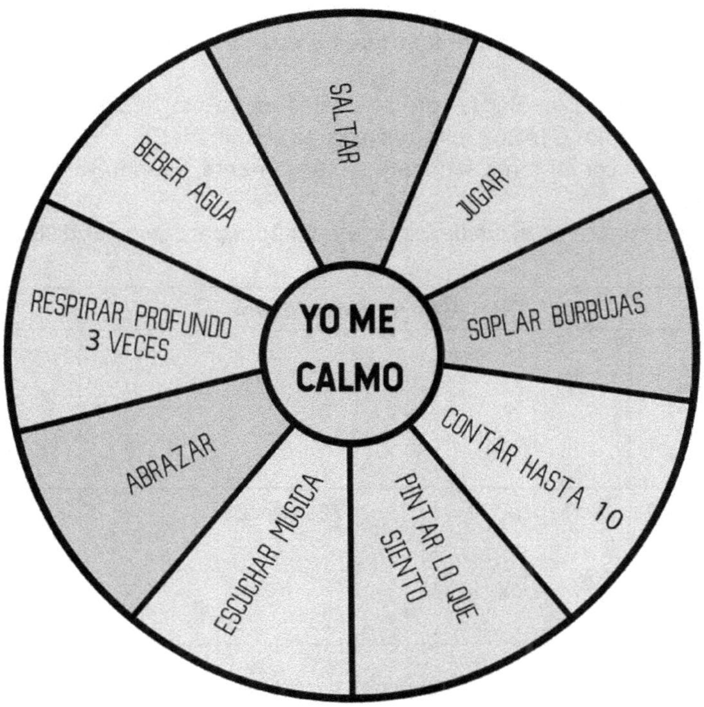

7.9 FUNCIÓN EJECUTIVA: AUTOMONITOREO

FICHA N° 1: Yo cumplo con mis deberes

Nombre:	**Fecha:**
Función ejecutiva: Automonitoreo	**Recomendado para:** edad de 6 a 12 años
Objetivo: Recordar y promover la verificación del cumplimiento de tareas diarias	
Otras funciones ejecutivas: Memoria de trabajo, iniciación	

Intrucciones:

1. Antes de comenzar, compre o adquiera stickers del gusto de el/la niño/a.
2. Junto a el/la niño/a, escriba en los cuadros en blanco, las tareas que debe realizar cuando llega a casa.
3. Es importante que previamente identifique que es lo que necesita que el/la niño/a haga. Piense en las cosas que le gustaría que el/la niño/a haga al llegar del colegio.
4. Rellene junto a el/la niño/a las tareas o deberes que debe realizar.
5. Muéstrele el tablero (que se encuentra a continuación) y dígale: "con este tablero recordarás las tareas que debes realizar".
6. Luego, diga: "Vamos a pegar en el cuadro de abajo que dice ¿Está listo? un sticker cuando hagas bien y termines la tarea".
7. En orden, el/la niño/a, deberá hacer su primera tarea.
8. Cuando el/la niño/a termine la primera tarea y este bien realizada, acompañe al tablero y peguen juntos el sticker.
9. Felicite verbalmente a el/la niño/a con las siguientes frases: "¡Que bien lo hiciste!, ¡Puedes terminar una tarea solo! o ¡estoy feliz por tu tarea terminada!"
10. Motive al niño/a hacer su tarea siguiente, y nuevamente, cuando termine, acompañe para pegar un sticker.
11. Puede replicar el cuadro en el cuaderno de el/la niño/a para trabajar distintas tareas diarias.

Al llegar a casa debo:			
¿Está listo?	¿Está listo?	¿Está listo?	¿Está listo?

Sugerencia para cuidador: Puede pegar imágenes o fotografías reales de las tareas en el tablero. Estas tareas pueden estar enfocadas como tareas asociadas al estudio, preparación previa al colegio, a la cooperación en casa y otros.

FICHA N° 2: Hoy gané

Nombre:	**Fecha:**
Función ejecutiva: Automonitoreo	**Recomendado para:** edad de 6 a 12 años
Objetivo: Reconocer los logros que ha obtenido durante el día	
Otras funciones ejecutivas: Regulación emocional, memoria de trabajo, automonitoreo	

Intrucciones:

1. Motive al niño/a pensar y que relate todas las cosas buenas que tuvo o sucedieron en el día. Ayude a recordar acciones positivas que realizó durante el día.
2. Luego, diríjase hacia el/la niño/a e indíquele que escriba o dibuje a continuación, los logros obtenidos.
3. Recuerde que se debe considerar logros los avances de el/la niño/a, más que el resultado. Por ejemplo: El/la niño/a no logro anotar todo en clases, pero logró tener su lápiz y goma, anotando la mitad de lo enseñado en clases.
4. Posteriormente, elija un lugar de la casa junto al niño/a, para colocar el dibujo de logros completado. Refuerce verbalmente los avances que ha obtenido el/la niño/a.

Diseño: René Araya R.

FICHA N° 3: Mis errores, mis soluciones

Nombre:	**Fecha:**
Función ejecutiva: Automonitoreo	**Recomendado para:** edad de 8 a 12 años
Objetivo: Desarrollar la capacidad de resolver errores y solicitar ayuda	
Otras funciones ejecutivas: Regulación, Iniciación	

Intrucciones:

1. Es importante saber que este material puede ser re-utilizado para varios días. Puede copiar la tabla en una hoja o cuaderno.
2. Pida a el/la niño/a que piense y relate equivocaciones que ha cometido en el día, preguntando: "¿En qué me equivoqué hoy?"
3. Realice preguntas que promuevan la reflexión. Por ejemplo, pueden pensar en las equivocaciones ocurridas en una clase, en el recreo, con tus compañeros, con el profesor o en casa.
4. Posterior a eso, acompañando al niño/a, indíquele que escriba sus equivocaciones en la planilla que se adjunta.
5. Luego que el/la niño/a escriba, invítelo a pensar y responder: "¿Cómo puedo mejorar?" Indique que escriba su respuesta en la columna correspondiente.
6. Por último, invite al niño/a a pensar y responder: "¿A quién le puedo pedir ayuda?" Indique que escriba su respuesta en la columna correspondiente.
7. Continúe identificando otras equivocaciones del día, repitiendo las instrucciones desde la instrucción nº3.

Planilla

¿En qué me equivoqué hoy?	¿Cómo puedo mejorar?	¿A quién le puedo pedir?
1.		
2.		
3.		
4.		

7.10 CONCIENCIA PLENA

FICHA N° 1: Como un globo

Nombre:	**Fecha:**
Actividad de conciencia plena	**Recomendado para:** edad de 6 a 12 años
Objetivo: Practicar la respiración para regular la emoción	
Otras funciones ejecutivas: Atención y regulación emocional	

Intrucciones:

1. Para esta actividad se requiere de un lugar cómodo para recostarse y un globo.
2. Indique a el/la niño/a que se acueste en un lugar cómodo. Puede ser en la cama, en un sillón o en la alfombra con cojines.
3. Con un globo, muestre a el/la niño/a como se infla (llenar el globo de aire) y luego desinflarlo (sacar el aire del globo). Repita el proceso una vez más.
4. Es recomendable, acompañar al niño, acostándose a su lado.
5. Mientras estén acostados, mencione: "Vamos a cerrar los ojos hasta que yo diga que los abras. Escucha atentamente lo que voy diciendo. Imagina que ahora te conviertes en un globo, eres un globo. Vamos a respirar y llenaremos nuestra panza (abdomen) de aire, lo que más se puedas como un globo. Ahora vamos a sacar el aire hacia afuera, estamos desinflando el globo. Recuerda, somos un globo, vamos a llenarnos de aire de nuevo..." (Repita el proceso cinco veces)
6. Luego de hacer esta práctica, pide a el niño/a que abran lentamente sus ojos.
7. Pídale a el /la niño/a que responda las siguientes preguntas.
8. Escuche atentamente las respuestas.

Preguntas:
¿Qué sentiste? ¿Cómo se sintió tu cuerpo?
¿Cuándo puedes convertirte en un globo? (Recomendación: Ayude a el/la niño/a a asociar la pregunta con situaciones donde no puede regular sus emociones y necesite utilizar la estrategia del globo).

FICHA N° 2: Soy un mono

Nombre:	**Fecha:**
Actividad de contracción y relajación	**Recomendado para:** edad de 6 a 12 años
Objetivo: Desarrollar la atención y conciencia hacia el propio cuerpo de el/la niño/a	
Otras funciones ejecutivas: Atención y regulación emocional	

Intrucciones:

1. Para esta actividad se requiere haber trabajado la técnica "como un globo", en donde aprendió a respirar atentamente.
2. Indique a el/la niño/a que se acueste en un lugar cómodo. Puede ser en la cama, en un sillón o en la alfombra con cojines. Acompañe a el/la niño/a, sentándose cerca de él/ella.
3. Recuerde el/la niño/a la técnica de "Como un globo". Mientras el/la niño/a está acostado mencione: "Vamos a cerrar los ojos hasta que yo diga que los abras. Escucha atentamente lo que voy diciendo. ¿Te acuerdas cómo respiramos cuando nos convertimos en un globo?, va a entrar aire inflando tu panza(abdomen) y luego saca el aire" (repita 3 veces la respiración).
4. A continuación, relate :"Sigue respirando y escucha. Ahora eres un Mono que está en una rama de un árbol buscando plátanos".
5. "De pronto, se siente un viento fuerte, que te quiere botar. Tienes que mantenerte en tu lugar, aprieta tus pies y piernas, que el viento no te bote" (Asegúrese que el/la niño/a contraiga sus pies y piernas).
6. "Ahora, el viento nuevamente está tranquilo. Ya no tienes que apretar tus pies y piernas, relaja" (Asegúrese que el/la niño/a debe relajar sus pies y piernas).
7. "De nuevo se siente un viento fuerte que te quiere botar. Ahora aprieta tus manos y tus brazos, te estás sosteniendo de la rama, que el viento no te bote" (El/la niño/a debe apretar sus manos y brazos).
8. "Ahora, el viento está tranquilo. Ya no tienes que apretar tus manos y brazos, relaja". (El/la niño/a debe relajar las manos y los brazos).
9. "De nuevo, aparece el viento, pero más fuerte. Eres un monito que se aferra a la rama, no la sueltes, aprieta todo tu cuerpo (Asegúrese que el/la niño/a debe apretar todo su cuerpo)".
10. "Ahora, el viento nuevamente está tranquilo y tú, ya no tienes que apretar. Relaja tu cuerpo." (Asegúrese que el/la niño/a relaje todo su cuerpo).
11. "Mira, ahí en la punta del árbol hay un plátano. Ya encontraste tu plátano. Ahora respira profundamente, entra aire y luego sale. Abre los ojos".
12. Converse con el/la niño/a sobre lo que sintió durante el relato y cómo se siente ahora. Repita y practique durante los días.

FICHA N° 3: Controlo mi cuerpo

Nombre:	**Fecha:**
Actividad de manejo corporal y relajación	**Recomendado para:** edad de 6 a 12 años

Objetivo: Desarrollar la conciencia plena en el/la niño/a sobre su disposición corporal

Otras funciones ejecutivas: Atención, regulación emocional, control inhibitorio

Intrucciones:

1. Se recomienda repasar los movimientos previamente, antes de enseñar a el/la niño/a.
2. Primero, disponga de tiempo y un lugar cómodo y espacioso en el hogar, para realizar los siguientes movimientos. (Se recomienda, en lo posible, realizar los ejercicios descalzos sobre una alfombra u otro material cómodo y cálido).
3. Señale: "Vamos a movernos juntos y nos quedaremos así un momento, como si nos congeláramos. Mira lo que hago y hazlo conmigo" (Realice la primera posición).
4. Cuando esté realizando la posición, presente el nombre, por ejemplo: "Se llama el bote, somos como un bote".
5. Recuerde que debe realizarlo tranquilamente y brindando tiempo para cada posición.
6. Continué con la posición siguiente y repita: "Mira lo que hago, hazlo conmigo"
7. Puede repetir por segunda vez. Recuerde que es una actividad para que el/la niño se contacte con su cuerpo y se relaje.

Posiciones

Diseño: René Araya R.

FICHA N° 4: Soy un Chef

Nombre:	**Fecha:**
Actividad de atención en el proceso de comer	**Recomendado para:** edad de 6 a 12 años
Objetivo: Contribuir en un proceso de alimentación saludable para el/la niño/a	
Otras funciones ejecutivas: Atención	

Intrucciones:.

1. En esta actividad se necesita una tela o material para vendar los ojos y alimentos en pequeñas porciones.
2. Previamente, seleccione seis pequeñas porciones de alimentos (tamaño del pulgar) que el/la niño/a ha comido anteriormente, junto a otros que no ha comido, pero que usted cree que el/la niño/a puede tolerar. Escríbalos en la columna Alimento de la tabla que se encuentra abajo.
3. Invite a el/la niño/a a jugar a que él/ella es un/una chef. Señale: "Vamos hacer un juego. Hoy eres un/una chef y eres experto/a en comidas. Vas a cerrar los ojos (vendar si considera necesario), yo te daré en la boca un pedazo de comida, lo dejaras unos segundos en la boca, no lo tragarás de inmediato. Solo vas a pensar en el sabor y cómo se siente. No vas a hablar".
4. Mientras el/la niño/a tenga el alimento en la boca, señale: "Piensa e identifica el sabor, si es dulce, amargo o salado (espere un momento). Ahora piensa en cómo se siente, si es blando, áspero o duro. Ahora puedes tragar".
5. Luego de que termina con el primer alimento, retire la venda. Pregúntele si conoce el alimento que comió. Converse con el/la niño/a sobre lo que sintió, respecto a la textura y sabor. Indíquele que escriba lo que descubrió en las columnas correspondientes (Columna textura y Sabor).
6. Después, muéstrele el alimento y señale: "¿Qué colores ves? Escríbelo en la columna color" (indique con el dedo).
7. Continúe con los otros alimentos, repitiendo las instrucciones desde la número 4. No olvide pedirle que cierre o vendar los ojos.

Alimento	Sabor	Textura	Color
1.-			
2.-			
3.-			
4.-			

Bibliografía

American Psychiatric Association. (2013). *Diagnostic and statistical manual of mental disorders (5 ed).* Arlington, USA: American Psychiatric Publishing.

Barkley, R. A. (1997). Behavioral inhibition, sustained attention, and executive functions: Constructing a unifying theory of ADHD. *Psychological Bulletin, 121*(1), 65–94.

Barkley, R. A. (2006) *Attention-Deficit Hyperactivity: A handbook for diagnosis and treatment* (3rd Ed.). New York: Guilford Press.

Brown, T. E. (2001) *Brown Attention-Deficit Disorder Scales.* San Antonio, TX; The Psychological Corporation.

Conners, C. K. (1998). *Conners Rating Scales-Revised Technical Manual.* ,North Tonawanda,NY: Multi-Health Systems.

Conners, C. K., Staff, M. H. S., Connelly, V., Campbell, S., MacLean, M., & Barnes, J. (2000). *Conners' continuous performance Test II* (CPT II v. 5). Multi-Health Syst Inc, 29, 175-96.

Daly, B., Hildenbrand, A. & Brown, R. (2016) *ADHD in children and Adolescentes.* Boston, USA: Hogrefe Publishing.

De la Barra F, Vicente B, Saldivia S, Melipillan R. Epidemiology of ADHD in Chilean children and adolescents. *ADHD Atten Def Hyp Disord* Frank - Briggs, F. (2011). Attention Deficit Hyperactivity Disorder (ADHD). *Journal of Pediatric Neurology,* 9(3), 291-298.

Demontis, D., Walters, R. K., Martin, J., Mattheisen, M., Als, T. D., Agerbo, E., ... & Cerrato, F. (2019). Discovery of the first genome-wide significant risk loci for attention deficit/hyperactivity disorder. *Nature genetics,* 51(1), 63-75.

Frank-Briggs, A. I. (2011). Attention deficit hyperactivity disorder (ADHD). *Journal of Pediatric Neurology,* 9(3), 291-298.

Faraone, S., Seegeant, J., Gillberg, C. & Biederman, J. (2003). The worldwide prevalence of ADHD: is it an American condition?. *World Psychiatry* 2(2) 104-113.

Gaitán-Chipatecua, A. & Rey-Anacona, C.A. (2013). Diferencias en funciones ejecutivas en escolares normales, con trastorno por déficit de atención, trastorno del cálculo y condición comórbida. *Avances en Psicología Latinoamericana, 31* (1), 71-85.

Gioia, G. A., Isquith, P. K., Guy, S. C., & Kenworthy, L. (2000). *Behavior Rating Inventory of Executive Function (BRIEF): Professional Manual.* Lutz (Florida): Psychological Assessment Resources

Goldstein, S., & Naglieri, J. A. (Eds.). (2014). Handbook of executive functioning. Springer Science + Business Media.

Greenberg, L.M. and Waldmant, I.D. (1993), Developmental Normative Data on The Test of Variables of Attention (T.O.V.A.™). *Journal of Child Psychology and Psychiatry,* 34: 1019-1030.

Greenbaum, S. (2019). A New Device for Treating ADHD in Children. *Monitor on Psychology,* July-August, 26-27.

Hinshaw, S.P., & Scheffler, R. M. (2014). *The ADHD explosion: Myths,medications, money, today's push for perfomance.* New York, NY: Oxford University Press.

Lehti, V., Chudal, R., Suominen, A., Gissler, M., & Sourander, A. (2016). Association between immigrant background and ADHD: a nationwide population-based case–control study. *Journal of Child Psychology and Psychiatry,* 57(8), 967-975.

Mash, E. J., & Barkley, R. A. (Eds.). (2014). *Child psychopathology* (3rd ed.). The Guilford Press.
McQuade, J. D., Murray-Close, D., Shoulberg, E. K., & Hoza, B. (2013) Working Memory and social functioning in children. *Journal of Experimental Child Psychology* 115, 422-435.

www.ingramcontent.com/pod-product-compliance
Lightning Source LLC
LaVergne TN
LVHW082233051026
849532LV00012B/3972